イノベーション論入門

土井教之＋宮田由紀夫【編著】

中央経済社

はじめに

　わが国にとってイノベーションは極めて重要である。イノベーションの定義については第1章で詳説するが，イノベーションとは，しばしば技術革新と訳され，新しい製品・サービスや製法（生産方法）が実現することを言うが，それだけでなく新しい事業モデルや経営手法も含めて使われる。本書はそういった広い意味でのイノベーションの入門書である。

　国全体でのインプット（投入物）とアウトプット（産出物）との関係を表すマクロ生産関数によれば，経済成長の要因は労働力と資本（カネ）の成長である。しかし，少子高齢社会になれば女性の社会進出を促進することは重要だが，労働力の増加はあまり期待できない。高齢者はこれまでの貯蓄を取り崩して生活するので，資本の増加もあまり期待できない。そこで重要なのがイノベーションである。同じ労働力と資本の量であってもイノベーションによって新しい製品や生産方法が生まれれば日本は豊かさを維持できるのである。

　これも本書で明らかにしていくが，新しい製品や製法は研究室にこもった白衣を着た博士のひらめきによって突然生まれるものとは限らない。市場の消費者が何を求めているのかを理解すること，また優れた技術に裏付けされた新製品をいかに消費者に売り込んで普及させるのか，すなわち技術にいかに価値を結びつけるのかということに関して文系出身者の役割もきわめて重要である。また，イノベーションがわが国の社会にとってますます重要になるので，賢明な市民・有権者としてイノベーションに関する正しい理解を持つことも必要となる。

　本書の構成は以下のとおりである。最初の3分の1はイノベーションの本質と社会への影響を考察する。第1章ではイノベーションの社会にとっての影響を論じる。第2章はイノベーションのタイプならびに創生のモデルを分析する。

第3章ではイノベーションがいかに普及・進化していくかを論じる。第4章はイノベーションを生み出す人材の役割を議論する。第5章ではイノベーションがどのような産業を生み出してきたのかを説明する。これらの章を通してイノベーションの社会にとっての重要性の理解を深めていただきたい。

　中盤の3分の1において，第6章はイノベーションと企業戦略，第7章は共同研究開発，第8章は起業家精神（アントレプレナーシップ）をカバーする。これらの章では企業の視点に立ってイノベーションを生み出す行動・戦略について考察する。企業内に知識を蓄積していくことは重要であるが，なんでも自社でやろうとすることには無理があり，いかに社外の組織と連携したり，それらを利用することが重要であるかを論じる。

　最後の3分の1は公共政策・制度について考察する。第9章は特許，第10章は標準，第11章はイノベーション促進のための政策そのものについて論じる。イノベーションのために政府が何でもできるわけではなく，あくまでも企業や起業家が主役であるが，イノベーションが群生しやすい環境とはどのようなものかを理解して頂きたい。

　各章末には授業やゼミでの討論のために参考になる問題もリストアップしたので活用していただきたい。また，入門書という性格から，本文中で引用した文献をすべて言及することをしていないが，ご理解いただきたい。章末の参考文献は文字どおり読者に参考として読んで頂きたい文献をリストアップした。

　本書は関西学院大学の学部横断型組織であるイノベーション研究センター（センター長は初代が土井，2代目が宮田である）の活動成果の一部である。執筆に直接参加した者以外も草稿の検討会には参加して，少しでも分かりやすい内容になるべく貢献している。今後も，経営学，経済学，政策論の学際的アプローチでイノベーション研究に取り組んでいく所存である。ご支援，ご鞭撻を賜れば幸甚である。

中央経済社経営編集部の市田由紀子さんと浜田匡さんには，企画の段階から大変お世話になった。感謝申し上げる。

　2014年　関西学院創立125周年の秋に

土井教之　宮田由紀夫

目　次

はじめに　i

第1章　イノベーションと社会 ―――― 1

1　イノベーションとは何か　1
2　イノベーションが社会に及ぼす影響　9
3　イノベーションと人間の生活　18

第2章　イノベーションの基礎理論 ―――― 23

1　イノベーションのモデル分析　23
2　市場と政府　33
3　ナショナル・イノベーション・システム　36

第3章　イノベーションの普及 ―――― 41

1　イノベーションの普及プロセス　41
2　イノベーションの性質と普及　43
3　イノベーション採用側の性質と普及　54

4　イノベーション供給側の思惑と普及　*57*

第4章　イノベーションを担う人材 ───── *63*

1　職業能力の専門化　*63*
2　イノベーションに係る人材　*63*
3　研究者の育成（明治期以降の高等教育制度）　*71*
4　これからの研究者育成とイノベーション　*77*

第5章　イノベーションと産業 ───── *81*

1　第1次産業革命　*81*
2　第2次産業革命　*86*
3　第3次産業革命　*90*
4　イノベーションと雇用形態　*94*

第6章　イノベーションと企業戦略 ───── *99*

1　イノベーションと企業組織　*99*
2　イノベーションをめぐる競争　*104*
3　事例研究─ソニー　*108*
4　競争政策と企業　*114*

第7章 イノベーションと共同研究開発 ——— 119

1 共同研究開発の現状　*119*
2 経営学から見た共同研究開発の利点　*121*
3 経済学から見た共同研究開発の利点　*125*
4 共同研究開発がもたらす問題　*131*

第8章 イノベーションとアントレプレナーシップ ——— 137

1 アントレプレナーシップの定義・役割　*137*
2 アントレプレナーの特徴　*141*
3 アントレプレナーの直面する課題　*146*
4 アントレプレナーシップ促進策　*153*

第9章 イノベーションと特許 ——— 159

1 知的財産と特許の定義　*159*
2 特許制度の理論　*161*
3 特許と企業戦略　*166*
4 特許の経済効果　*172*

第10章　イノベーションと標準 ―――― 179

1　標準の定義と分類　*179*
2　標準化のプロセス ―― 標準と競争　*183*
3　標準のミクロ経済的効果　*192*

第11章　イノベーション政策 ―――― 199

1　イノベーション政策とは何か　*199*
2　産学連携と大学発スタート・アップ　*201*
3　国家プロジェクト　*205*
4　政府調達　*209*

■索　引　*217*

第1章 イノベーションと社会

1 イノベーションとは何か

　人類の歴史に最も強い影響を与えたイノベーションとは何であろうか。アメリカの研究者であるリプチンスキー（Witold Rybcynski）は「ねじとねじ回しである」と答えた。16世紀に登場し18～19世紀ごろから爆発的に普及した「ねじとねじ回し」は，材料と部品の接着に革命をもたらした。従来の方法である「くぎ」を使った接着よりも強固で精密な接着を可能にしたことから，造船・建築・機械工業の発達に大きく貢献した。「ねじが世界を変えた。ねじが無かったらならば，科学は今日ほどには発展しなかったであろう。造船や航海技術も未発達のままで，海戦も起こらず海上貿易も盛んにはならなかっただろう。工作機械も発明されず，産業革命も起こらなかったかもしれない」。リプチンスキーはこのように述べている。

　産業の発展に貢献し，同時に社会に変革をもたらしたという意味では，「電球」の登場と普及も忘れてはならない。このイノベーションもまた，今日の社会システムの形成に強い影響を及ぼした。われわれが生きている現代社会は「知識集約型社会」と呼ばれるが，電球はこうした社会の実現に大きく貢献した。なぜならば，知識の形成には長い時間が必要であるが，電球は暗い夜を明るくしてわれわれが学習する時間を延ばしてくれ，知識の蓄積を助けてくれたからである。

　われわれの行動様式や生活習慣に影響を及ぼしたイノベーションとしては，インスタントラーメンやカップめんに代表されるインスタント食品や，ウォー

クマンの登場と普及も見逃せない。これらの登場と普及によって，当時の日本人は「いつでも，どこでも」食事や音楽を自由に楽しむことができるようになった。特に未成年者——成人の庇護が必要で，そのために庇護者によって行動に制約を受ける者たち——にとっては，これら新製品の登場は画期的であったと思われる。決められた時間に決められた場所に座り，誰か他人が作った料理を食べ，それが故に調理をしてくれる者への配慮が常に求められる状況[1]から解放され，好きな時間に，好きな場所で食べられる，誰にも気兼ねをせずに食べられる，という自由さはインスタント食品の普及によって可能になった。同様に，家族や隣近所の人たちにも聞こえている中で音楽を聴くという不自由さは，ウォークマンの出現によって解消した。もう誰にも気兼ねをしなくて良い，自分の好きな音楽を好きな音量で楽しめる。

イノベーションとは産業を発展させ，経済活動を活発にするものであるが，同時にわれわれの行動様式や生活習慣に影響を及ぼし，社会にもインパクトを与える。では，そのイノベーションとはどのようなものだろうか。

(1) イノベーションの定義

イノベーションとは，「新しい製品や生産の方法を成功裏に導入すること」である（後藤 2000）。成功裏にとは，それにより利益があがることを意味する。「経済効果をもたらす革新」とも定義される（一橋大学イノベーション研究センター 2001）。上で取り上げた「ねじとねじ回し」，「電球」，「インスタント食品」，「ウォークマン」はいずれも（当時の人々にとっては）新しい画期的な製品であった。これらが市場や社会に導入され，普及して経済効果が生まれた。経済効果が生まれるとは，生産者の一部が利益を得て，消費者は便益を享受して，社会は外部効果（第 2 章参照）による果実を受け取るということである。こうした「新知識・製品・サービスが誕生して普及し，その過程で経済効果が発生する」という一連のプロセスがイノベーションである。

電球を例にとれば，エジソン（Thomas Edison）によって電球とそれに関連する技術が開発されて市場へ投入され，電球を灯すために必要なインフラスト

ラクチャーも整備され，電球が広く利用され，開発者は利益の一部を獲得し電球の利用者（企業や個人）も便益を得ることで経済効果が発生し，さらに電球を使った新しいビジネスが誕生する。また，暗い場所や漆黒の夜を電球が明るく灯すことで人間の活動は活気を帯び，社会システムの高度化にも貢献する。そして新たな経済効果が発生する。このような一連の過程（プロセス）のことをイノベーションと呼ぶ。

こうしたイノベーション・プロセスは，新しい製品・サービスの誕生のみではなく，多様な形態をとる。これを示したのがイノベーション研究の泰斗シュンペーターである。

(2) シュンペーターが指摘した5つの新結合

シュンペーター（Joseph Schumpeter）は19〜20世紀に活躍した研究者である（コラム1.1参照）。沈まんとするオーストリア・ハンガリー帝国に生まれ，世紀末ウィーンの学術と文化の薫陶を受け，旭日昇天の勢いにあったアメリカで研究を深めた彼は，資本主義発展の原動力について探求し，「5つの新結合」という概念でイノベーションを説明した。「新結合」とは，「労働と資本」の結合のしかたを新しくするということである。

モノやサービスを生産するためには，資本と労働を結合させなければならない。たとえば，カップ一杯のコーヒーという製品は，伝統的には原材料のほか，コーヒーミル，コーヒーサイフォン，そしてバリスタという専門人材の力を結合させることで生産されてきた。つまり，コーヒーミルとコーヒーサイフォンという比較的安価な資本と，バリスタという高度な労働の結合によってカップ一杯のコーヒーは生産されてきた。しかし20世紀には，大型の機械と設備（すなわち高価な資本）と非熟練の工場労働者（安価な労働）を結合させて生産するインスタント・コーヒーが誕生し，1950年ごろから急速に普及する。

このように資本と労働の結合の方式を変え，新しい結合を実現することでインスタント・コーヒーという画期的新製品（イノベーションの一種）が誕生・普及した。このことから，「イノベーション＝新結合」という図式が成立する。

シュンペーターはこうした新結合すなわちイノベーションを5つのタイプにわけた。

① 新しい製品やサービスの生産

これまで存在していなかった新しいモノやサービスをうみ出すことである。すでに例として挙げてきたインスタント・コーヒー，ねじとねじ回し，電球，インスタント食品，ウォークマンは当時の人々にとって非常に新しいものであった。他にもコンピュータ，インターネット，スマートフォン，あるいは無線通信，電話機，飛行機，抗生物質など，多くのイノベーションが登場して資本主義の発展を助けてきた。

② 新しい生産方法の導入

従来製品やサービスを従来とは異なる方法でつくることである。たとえば，同じ製品を大量に品質を一定に保ちながら低コストで生産する大量生産方式は，こうしたイノベーションの典型である。大量生産の嚆矢は20世紀初頭に確立されたフォード生産システムであるが，戦後の日本で発展したトヨタ生産システムもこのタイプのイノベーションである。

③ 新しい販路や市場の開拓

既存の方法で従来製品を作ったとしても，新しいマーケットの開拓に成功すればそれもまたイノベーションとなる。1970年前後にアメリカのゼネラル・フーズ社とスイスのネスレ社は日本に工場をつくってインスタント・コーヒーの生産を開始し日本市場で普及させた。インスタント・コーヒーを日本という新規市場で浸透させるためには様々な創意工夫が凝らされたと想像されることから，新規市場の発見とそこで製品を浸透させるための工夫の両方が，このタイプのイノベーションに含まれる。

④ 新しい原材料の供給源の獲得

従来よりも有利な条件で原材料を入手できる状況をつくりだすことである。たとえば，新しい土地で良質なコーヒー農家を見つけ出し有利な条件で仕入れるしくみをつくるということである。第二次世界大戦後，パプア・ニューギニアの高地でコーヒーの栽培を始め，コーヒーの大生産地帯にしたオーストラリア人やヨーロッパ人たちがいたが，彼らから高品質のコーヒー豆を大量に仕入れるしくみをつくった者がこのタイプのイノベーションの成功者である。

⑤ 新しい組織の実現

これは組織形態を一新することである。株式会社や事業部制など，それ以前にはなかった革新的な組織をつくり運営していくことがこのタイプのイノベーションである。

コラム1.1　シュンペーター

シュンペーターは1883年にオーストリアのモラービエに生まれた。この年はマルクス（Karl Marx）が没し，シュンペーターがライバル視したケインズ（John Maynard Keynes）が生まれた年でもある。シュンペーターはウィーン大学を卒業し，母校，ツェルノビッツ大学，グラーツ大学で教鞭をとったのち，第一次大戦後のオーストリアの大蔵大臣，ウィーンのビーデルマン銀行の総裁という実務も経験した。そしてボン大学を経て，1931年にアメリカにわたりハーバード大学で教鞭をとった。

1908年，25歳のときに著した『理論経済学の本質と主要内容』では均衡分析，静態理論を極めた。1912年には動態的な経済成長を扱った『経済発展の理論』，1914年には『経済学史』，渡米後の1939年に『景気循環論』，1942年に『資本主義，社会主義，民主主義』を著した。

シュンペーターをイノベーションの研究家として有名にした『経済発展の理論』ではイノベーションの担い手として，従来とは違うやり方で物事をすすめていく企業家（アントレプレニューアー）の役割を重視している。あまり知られていないが，銀行家でもあった彼はイノベーション発生における金

融の役割にも注目している。静態的均衡状態での利潤に満足できない企業家が将来の大きな可能性をめざして自らリスクを負って投資をすることで動態的経済成長が起こるのである。

『景気循環論』も動態的分析であるが，倒産・失業による非効率の淘汰を資本主義の景気循環の正常の営みという見方は，大恐慌の時代においては政策含意において，公共事業という処方箋を出したケインズほどの影響力を持てなかった。さらに，渡米後にアメリカの大企業の研究所での研究開発活動を目の当たりにしながら書かれた『資本主義，社会主義，民主主義』では，イノベーションの担い手として内部資金を持つ独占・大企業の役割を重視した。イノベーションの担い手としてのベンチャー企業重視を「シュンペーター・マークⅠ」，独占・大企業の重視を「シュンペーター・マークⅡ」，または「シュンペーターの仮説」と呼ぶ（本書第6章参照）。

この仮説は多くの経済学者が実証分析を試みたが，ベンチャー企業にも大企業にも強み・弱みがあり，産業，市場環境によってケースバイケースという結論しか得られず，半世紀以上たっても「仮説」のままなのである。

シュンペーターはまた生産要素の組み合わせを新しくする「新結合」に関する知識を体系化し，これがイノベーション研究の理論的基礎となった。彼はまた，創造的破壊という概念を提示し，「鉄道馬車（馬で引く路面電車）をいくつなげても蒸気機関車にはならない」という有名なたとえを用いて，技術進歩の断絶性を説明した。しかし，このことはのちの経済学者が画期的なイノベーションばかりに注目し，改良，漸進型イノベーションを軽視する要因となった。

(3) なぜイノベーションを学ぶのか

イノベーション研究ではしばしば「イノベーションは，目もくらむような報償を手にするチャンスかも知れないし，あるいは奈落の底へ落ちていくきっかけかも知れない」ということが言われる。イノベーションの経済効果は誰もが享受できるわけではなく，むしろ勝者と敗者の明暗をくっきりと分けることが多い，という意味である。

特に企業にとっては，イノベーションは競争優位性を高め業績を上げる機会（opportunity）であると同時に，これまで築いてきた競争優位性が根底から覆される脅威（threat）でもある。たとえば，デジタル写真技術というイノベー

ションにより業績を伸ばしたキヤノンのような企業もあれば，反対に市場からの退出を余儀なくされたコダックのような企業もある。最近でも，スマートフォンというイノベーションが台頭する中でゲーム機器関連メーカーは売り上げを落とし，対照的にスマホゲーム各社は売り上げを急速に伸ばしている。

このように，イノベーションを契機に競争優位性を高め成長する企業がある一方で，イノベーションによって破壊される企業もある。こうした中，企業人はイノベーションが発生する可能性を探索し，その影響の規模と範囲を予測し，有効な戦略を立案・策定し，適切なタイミングで実行する能力が求められる。

企業と同様に個人も，よりよく，自由に生きるためにはイノベーションの発生と普及に敏感でなければならない。われわれはみな，交換（取引）を繰り返しながら生きている経済人である。イノベーションによってより良い製品やサービスが断続的に生み出されている社会では，イノベーションに敏感な者の方がより良いものにアクセスでき，望ましい交換を行うことができる。また，すでに述べたように，イノベーションは社会の在り方にも影響を及ぼす。社会の中で生きる個人は，イノベーションを常に意識して社会変化の兆しに鋭敏でなければならない。

しかし最も重要なのは，個人はその力を結集させることにより，イノベーションが進んでいく方向に影響を及ぼすことができるという事実である。シュンペーターは「（タイプ②のイノベーションである）大量生産とは，女王陛下が今よりももっとたくさんの絹の靴下を手に入れられるようにするものではない。むしろ，そんなものには縁が無かった労働者の女性でもそれが買えるように，絹の靴下の生産費用を下げていくものである」ということを書き残しているが，イノベーションがいつもこのように個人を幸福にするとは限らない。大量生産というイノベーションが，登場以来100余年の間，あらゆる製品の価格を劇的に下げて富裕層のみならず庶民にも豊かな暮らしをもたらしてきたのは事実であり，そうした意味ではシュンペーターの言うようにイノベーションは人間を幸福にしてきた。だがその反面，戦時にはまさにその大量生産によって兵器がつぎつぎと生産され，大量殺戮を引き起こしてきた。イノベーション

とは，それが人間に幸福をもたらすか災厄をもたらすかは予測できない中立的な現象であると言えよう。

　ただし，社会の制度をうまく設計することで，イノベーションが人間の幸福実現に貢献するように方向づけることは不可能ではないだろう。薬の例を考えてみよう。新薬の開発と販売には莫大な費用がかかるため，市場メカニズムの下では「儲かる薬」しかつくられないであろう。患者数が多い薬，（市場規模の大きい）高齢者特有の疾患の薬，美容や若返りの儲かる薬が豊富に供給される一方で，稀少疾患の薬，利益が見込めない難病の薬，患者数が少ない小児慢性疾患の薬などの供給は過少になるだろう。しかし現代の先進国社会では医療制度を中心にさまざまな制度が敷かれ，利益につながりにくい薬であっても供給が行われるように工夫されている。

　新薬を開発した企業が利益を独占できるようにした特許法，政府が製薬会社に一定の薬価を支払うことを認める医療保険制度，必要性が高い医薬品の研究開発を促す薬事法など，さまざまな制度によって「儲かる薬」はもちろんのこと，「儲からない薬」においてもある程度のイノベーションが起こり有効な治療法が誕生・普及して，あらゆる人々に医療サービスを受ける権利を保証する制度が機能している。

　こうした制度は天から与えられるものではない。国民一人ひとりが「医療サービスを受ける権利は，どのような人にでも平等に与えられるべきである」と考えているから，政府がそうした制度を導入・整備するのである。つまり，優れた制度は人々の意思によって整備され，人々の支持を集めることで機能するのである。よって個人は，その力を結集させることで制度を整え，人間の幸福実現という方向へイノベーションを向かわせることができる。

　個人は，イノベーションの発生と普及に対する感度を高くし，必要な制度の整備をいちはやく政府に求め，あるいは適切な制度を支持することで，イノベーションが人間の幸福実現に貢献するように方向づけることができる。われわれがイノベーションを学ぶのは，主としてこのためである（イノベーションと制度については第2章も参照）。

2 イノベーションが社会に及ぼす影響

　イノベーションは社会のさまざまな状況，背景，脈絡から発生して普及し，経済効果を生み出す。また同時に，企業に事業機会をもたらし，あるいは企業の脅威となり，その企業が新しい取組み ── すなわち次のイノベーション ── を始めるきっかけともなる。同じように，個人にも刺激を与えてアントレプレナーシップ（本書第8章）を高め，これら個人が新しい試みを行うように促すことも多い。企業レベルでみても，個人レベルでみても，「イノベーションは次のイノベーションを誘発する」と言えよう。このように，イノベーションが次のイノベーションを育み，その周りではさらに多くのイノベーションが群生するという現象はしばしば観察される。これは，革新的な知識・製品・サービスが，特定国・地域や特定期間に偏って次々と生み出されるということを意味するため，こうした現象は「イノベーションの偏在」と呼ばれる。

　イノベーションが遍在する期間には，そうでない期間よりも高い経済成長が達成される。18〜19世紀の産業革命期は，そうした期間として最も有名である。また，20世紀後半から今世紀にかけての経済成長も目をみはるものがある。

　イノベーションと経済成長のこうした関係は，経験的にはよく知られてはいたが，それを理論的に提示できたのはそれほど古いことではない。次項ではイノベーションと経済成長を説明する理論について述べていく。

(1) 経済成長

　シュンペーターは晩年の著作『資本主義，民主主義，社会主義』において，資本主義は絶えず変化するものとし，その変化を起こす原動力が「イノベーションによる創造的破壊」であると論じた。イノベーションという革新のプロセスは，資本主義の内側から発生し，その資本主義を内側から破壊し，そのことによって新たな創造が起こる。こうした資本主義を内側から変えていくエンジンがイノベーションであり，イノベーションによって資本主義は絶えず変化

し，進化し，経済成長が達成されていく。

　イノベーションが経済成長に及ぼす影響は国内総生産（GDP：Gross Domestic Product）の変化をもとに計測することができる。経済学者であるソロー（Robert Solow）は，成長会計モデルを用いてこれを測定した。彼は産出（GDP）が２倍になった場合でも，投入にあたる労働と資本は２倍以下しか増えていないことを指摘し，産出の増加を説明するためには労働と資本以外の「何か」も考慮に入れなければならないと主張した。この「何か」は「ソロー残差」と呼ばれ技術進歩 ── イノベーションの一種 ── を意味すると解釈されている。

　中世初期の農業生産を想像してみよう。A地方では一定の広さを持つ土地で「労働（50人の農夫）」と「資本（馬50頭，犂50台，そして馬と犂をつなぐロープ50本）」の組み合わせにより小麦を栽培していたとする。ある年，小麦の収穫量が２割増えたとしよう。しかし土地の広さは変わっていない。また，労働（農夫の人数）と資本（馬，犂，ロープ）の量も変化していない。唯一変化したのは，馬と犂をつなぐ「ロープのかけ方」であったとしよう。

　これまでずっと，農夫は馬の首に直接ロープをかけてきた。重い犂を引きながら10歩も歩くと，馬の首はロープで絞めつけられ馬は立ち止まってしまう。10歩進んでは立ち止まり，そのたびに農夫はロープを緩めてやり，また10歩進んでは立ち止まり……ということの繰り返しであった。これでは土地の表面を耕すだけで手一杯である。

　ある年，農夫はロープのつなぎ方を変え，いったん馬の肩にロープを廻してから首にかけることにした。犂の負荷はまず馬の肩にかかり，それから少しずつ首にも影響が及ぶ。この工夫により，馬は30歩進むことができるようになった。30歩進んでは止まり，ロープを緩めてやるとまた30歩進む。すると同じ土地を複数回耕すことができるようになり，何度も耕されて地味が増した土地では収穫量が２割も増えた。

　こうしたケースでは，労働や資本はなんら増加していないため，産出（小麦の収穫量）の増加を説明できない。それ以外の要素 ── ロープのかけ方の工

夫——を考慮してはじめて収穫量が増えた理由が説明できる。これはソロー残差と呼ばれるが，「生産の増加から，労働や資本の寄与分を差し引いたもの」というものであり，生産の増加に対する知識増加の寄与分である。これはまた，広い意味での技術進歩に該当する。すなわち，ソロー残差を計測することでイノベーションが経済成長にどれだけ貢献しているかが明らかになる。

　ところで，小麦の生産量が2割増えた後でもA地方の人口が変わらなければ，増えた分の小麦は余剰となる。農夫たちは余剰を利用して，さらに変革をすすめることができる。たとえば，仲間から数名を選び出して犂の改良に専従させるかもしれない。彼らは犂の技術革新に取り組み，従来よりも深く耕せる犂を開発するかもしれない。農夫たちはその犂を使うことで引き続き生産効率を上げていき，A地方の収穫量はさらに増えていくだろう。また，この犂を他の地方で販売し，余剰をいっそう増やすこともできるだろう。

　このように知識変化が余剰を生み，その余剰によってさらなる知識変化が誘発され技術革新が進み，それがまた，いっそうの余剰を生む，というプロセスを経ることで経済成長は達成される。このプロセスが一国内で起こると国の経済成長が達成され，特定地方で起こると地域の経済成長，特定産業内で起こると産業の発展が起こるのである。

　こうした技術進歩——イノベーションの一形態である——と経済成長の正の相関は，現代社会で特に顕著である。第5章で述べるように，アメリカにおいてエレクトロニクスやバイオテクノロジーのイノベーションが，新しい産業の隆盛と経済成長を生み出したのはその好例である。

(2) 企業の成長と凋落

　国や地域にとってイノベーションは成長の源泉であるが，企業にとってはその影響はもう少し複雑である。イノベーションによって競争力を強化して成長する企業もあれば，反対に競争力を破壊されるものもある。すでに述べたように，デジタル写真技術やスマートフォンなどの革新的な技術やそれを活かした製品が登場すると，躍進を遂げる企業もあるが，その一方で市場から消えてい

く企業もある。企業にとってイノベーションとは，競争力獲得の機会であると同時に脅威でもあるのだ。

　どのような企業がイノベーションを競争力強化の機会，すなわちビジネス・チャンスとすることができ，どのような企業は凋落していくのかを解明しようとする研究の一群が存在する。

　また，イノベーションそのもののタイプと，企業の浮沈の関係を探るものもある。ハーバード・ビジネス・スクールのクリステンセン（Clayton Christensen）は，既存企業による「従来製品よりも優れた性能で，要求の厳しいハイエンドの顧客獲得を狙うタイプのイノベーション」を「持続的（sustaining）イノベーション」と定義した。このタイプのイノベーションは，最高の顧客により高い利益率で売れるような，より良い製品を作る競争なので，実績ある企業には参戦する強力な動機があるし，勝つための資源を持っている。したがって，勝つのはほとんどいつも既存企業である。

　持続的イノベーションの中には，企業が日々行っているような漸進的・累積的（incremental）なものもあれば，ライバル企業を一気に追い越すような非連続的・画期的（revolutionary）なものもある。両者に共通するのは，技術進歩は「既存顧客が重視する性能」を向上させる方向へ進んでいくという点である。

●破壊的イノベーション

　クリステンセンはまた，持続的イノベーションとは異なる特徴を持つ「破壊的（disruptive）イノベーション」が存在することを報告した。これは「既存製品の主要顧客には性能が低すぎて魅力がないが，新しい顧客やそれほど要求が厳しくないローエンドの顧客にアピールする，シンプルで使い勝手が良く安上がりな製品をもたらす」タイプのイノベーションである。別の言い方をすれば，破壊的イノベーションとは「性能が低すぎて今の製品の主要顧客にはオモチャ呼ばわりされて買ってもらえない」タイプのイノベーションと言える。そのため，発売当初は新しい顧客や，現在の製品の性能が行き過ぎてしまって「満足過剰」になっているローエンドの顧客にのみ受け入れられるものである。

この定義は，イノベーションという言葉から我々がイメージする「性能向上」とは真逆のものなので，直感に反する概念である。しかし，この破壊的イノベーションの性質，すなわち「既存企業の主要顧客が欲しがらない」という性質こそが，既存優良企業に，破壊的イノベーションを「取るに足らないもの」と誤認させ，最終的には既存優良企業を破滅へと導くのだ。

　たとえば，コンピュータと言えば「メインフレーム」と呼ばれた大型コンピュータのことを指すのが当然だった1970年代に，大型コンピュータよりはるかに性能が低く価格も安い，パーソナル・コンピュータ（パソコン，PC）が出現した。PCが部品としていたマイクロプロセッサは，当時主流だった大型コンピュータに比べると性能がはるかに低く，扱えるメモリ空間は狭く，基本ソフトもないに等しく，フォートランやコボルといった高級言語も動かせなかった。そのため，大型コンピュータのユーザーはPCのことを知っても「そんなオモチャのようなもの」として全く関心を示さなかった。では誰がそんなオモチャのようなものを買ったのだろう？

　実はPCの最初の顧客は，大型コンピュータのユーザーとは全く違った人たちだった。PCの最初のユーザーは，「コンピュータールームの奥に鎮座して，割り当てられた時間までしか使うことが出来ない大型コンピュータと，同じ原理で動く物を自分が手に入れて好きなだけいじり倒すことができる！」ということに純粋な喜びを感じた，コンピュータ・マニア達であったのだ。

　そして，彼らはPCでプログラミングを楽しんだりゲームをしたりして楽しんでいた。PCの用途は個人の遊びであり，大型コンピュータの用途である企業の大規模データのオンライン処理とは全く違っていたのである。

　さて，典型的なコンピュータ・マニアの集団の1つが，スタンフォード大学の線形加速器センターに週末ごとに集まっていたホーム・ブリュー（自家製）・コンピュータ・クラブだった。そのメンバーの中にはのちに先進的なワンボード・マイコンApple Iや箱から出せばすぐに使えたApple IIなどを設計し，アップル（Apple）社の共同創業者になるウォズニアック（Steve Wozniak）や，PCをビジネスへと結びつけたアントレプレナー，ジョブズ（Steve Jobs）の姿

図表1.1■イノベーションの分類

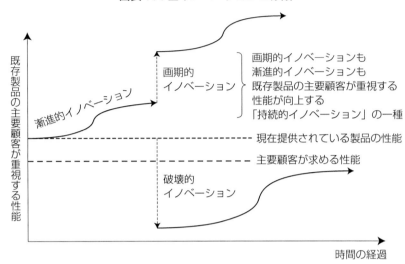

出所：筆者（玉田）作成。

もあった。

その後、IBMもPC事業へ参入し、今では銀行業務すらパソコンと同じアーキテクチャのサーバーで処理されるに至っている。大型コンピュータは市場の隅に追いやられて、事実上破壊されてしまった。

図表1.1は、持続的イノベーション（画期的・漸進的）と、破壊的イノベーションの違いを示したものである。破壊的イノベーションの性能は、既存製品の性能はおろか、既存製品の主要顧客が求める性能の水準をも下回っていることに注目してほしい。

●**イノベーターのジレンマ**

これまでの説明を基にして、企業経営者の立場に立ってイノベーションと企業戦略について考えてみる。持続的イノベーションが起こったとき、現在ある程度の競争力を持つ企業がそれに取り組むのは当たり前であろう。既存の競争力を一層高めるチャンスだからだ。だが、既存顧客が求めないような技術やビジネス・モデルが現れつつあるとき、「それに率先して取り組むか、無視する

か」は企業にとって困難な課題である。

　教育サービス事業を例として考えてみよう。この業界では，教室に受講生を集めて質の高い授業を提供し，受講生の満足度を高めることで競争力がつくられてきた。だが現在では，インターネットという技術革新により，授業をネットで配信するという新しいイノベーションが起こりつつある。そうした中，これに積極的に取り組んで新しい優位性を構築しようとする事業者が現れる一方で，あえて取り組まない（あるいは，本格的には取り組まない）事業者も存在する。とくに，従来のやり方で競争力を高めてきた事業者の中に「あえて取り組まない」もしくは「本格的には取り組まない」ものが多いと理論上は予測される。こうした際には「イノベーターのジレンマ」が発生する恐れがある。

　イノベーターのジレンマは，経営者が既存顧客や株主の声に忠実な，いわゆる「正しい経営」を行っている場合に生じると言われている。従来からの顧客（この場合は教室に通ってくる受講生）は，「教室での授業をもっと楽しく，有意義にする」ことを求め，また既存株主は「収益をもたらす可能性が高い投資」を歓迎する。つまり，従来顧客も既存株主も「よい教師の獲得」や「受講生が学びやすい環境の整備」，「魅力的なコンテンツの開発」を経営者に求めるが，リアルな授業よりも満足度が低いネット配信へ興味を示すことは稀であろう。

　従来顧客や株主が求めない中で，経営者がネット配信へ踏み出すこと，すなわち新しいイノベーションに取り組むことは極めて難しい。とくに，既に多くの受講生を獲得している事業者の場合，資源の一部を割いてネット配信に投資することは合理的ではないため，新しいイノベーションを取り入れることに躊躇するだろう。

　近い将来においても圧倒的多数の人々が教室での授業を好みつづける場合はこの経営者の行動は正しいと評価されるが，反対に技術進歩が進み，インターネットによる授業の質が教室でのリアルな授業と同程度になるまで向上した場合は，既存企業はその顧客基盤をネット事業者によって一気に奪われかねない。このとき，「イノベーターのジレンマが起こった」と指摘されるだろう。経営

者は，新しいイノベーションがもたらす可能性と既存顧客・株主の要望の間でジレンマに陥り，ネット配信事業への参入を見送り，結局，既存事業の優位性すら失うことになったからである。

　以上のように，企業にとってイノベーションの影響は複雑である。競争力獲得の機会となる場合もあれば，反対に破壊される場合もある。機会となる場合はそれに積極的に取り組むことはもちろんであるが，脅威になる恐れが大きい場合であっても，それを探査し，よく知り，適切な戦略を立てることが必要である。

| コラム1.2 | 新テクノロジーに対する人々の反発と嫌悪 |

　1950年代，日本ではテレビ放送が本格化し，一般家庭へも普及し始める。テレビという新テクノロジーが一気に普及したことは，一部の人々を不安にさせ「一億（総）白痴化」という流行語も登場した。「テレビばかり見ていると，人間の想像力や思考力は低下し，日本人の知的水準が低下する」と心配されたのである。

　「新テクノロジーが人間の知力を低下させる」というのは，実は古くからある社会の反応である。たとえば1920年代のアメリカでは「自動車のせいで学生たちが学業をおろそかにし，大勢の落第者が出ている」と大真面目に論じられていた。

　こうしたネガティブな反応は，知力低下への懸念だけではない。人間同士の絆が弱くなったり，道徳規範が緩んだりすることも心配された。自転車が普及した19世紀，アメリカのプロテスタント教会の一部は「信者たちの教会離れをそそのかす」として，日曜日に自転車に乗ることを非難していた。同国にはまた，「電話がなれなれしさや無作法を助長し，近隣の絆が損なわれる」と苦言を呈する人々もいた。戦後の日本企業で自動電気釜が開発された際にも，社内では「君は，寝ている間に飯を炊こうなんて怠け者の女房をもらいたいかね」，「こんなものを使う主婦は一部の怠け者だけだ」と嫌悪感を露わにして反対する声が根強かったという。

　こうした反発や嫌悪が起こる原因の1つとして，「テクノロジーとは何か」についての理解不足が挙げられる。新テクノロジーを嫌悪する人々の多くは，

「テクノロジーは社会の外側で誕生し，ある日われわれの生活に侵入してきて，日常生活に衝撃を与える」とみなしているようだ。そして，「社会の外側で生まれたものであるから，多くの人間はそれを使いこなすことができず，むしろテクノロジーがつくりだす新秩序に従属させられていく」という恐怖感を募らせているようだ。

　テクノロジーとは，「人々が欲しいものを獲得するために知識を応用すること」である。「知識を実用的に使うこと」と言っても良い。テクノロジーの源は人々の欲求と知識である。よって，社会の外側ではなく社会の内側から生まれる。同様に，テクノロジーが社会秩序をつくって人々に強制するのではなく，むしろ社会が進もうとしている方向がテクノロジーの性格を決定しているのである。電話も自動車もテレビも，すべては社会のニーズに沿って誕生・普及したものである。これらテクノロジーの性格を決定したのはわれわれの欲求であり，そうした欲求が基盤をなす社会的，政治的，文化的条件である。

　したがって，仮に特定のテクノロジーと知的水準低下の間に何らかの関係が観察される場合──そのようなことを聞いたことはないが──，それは当該テクノロジーが知力を低下させたのではなく，むしろ社会の中に知力の低下を招く要因があったためにそのテクノロジーが誕生・普及したのである。新テクノロジーに反発する人々は因果関係を誤解している。

　新テクノロジーそのものが社会秩序をつくったり，ましてやそれに人々を従属させたり，ということはあり得ないが，人々が新テクノロジーを利用することによって行動様式や生活を自ら変えていき，やがては社会も変容する，という現象はしばしば起こる。本章第3節で取りあげる「遅刻の誕生」はその好例である。また，自動車も良い例であろう。自動車の登場によって人々の知的水準が低下したり絆が壊れたり道徳が乱れたりすることはなかったが，人々が積極的に自動車を利用し行動範囲を広げたモータリゼーションは，国土の在り方とさまざまなシステム，そして生活様式を大きく変えた。同様に，自動電気釜の普及で主婦が怠け者になったという話は聞かないが，かまどで炊飯していた時代に比べると夕食のバラエティが豊富になっていることは確実であろう。主婦は電気釜を使って怠けたのではなく，空いた時間を「副菜のメニューを増やす」というクリエィティブな労働に向けた，つまり行動を変えて夕食の風景を一変させたのである。

　　（資料：フィッシャー（2000）『電話するアメリカ―テレフォンネットワークの社会史』
　　NTT出版。NHK「プロジェクトX」制作班〔編〕（2001）『プロジェクトX　挑戦者たち
　　〈7〉　未来への総力戦』日本放送出版協会。）

3 イノベーションと人間の生活

　イノベーションは国や地域の経済成長や企業の浮沈に強い影響を及ぼすが，われわれ個人の生活や社会にもインパクトを与え続けている。なかには，そのインパクトが社会の隅々にまで浸透し，今日のわれわれの行動や社会の形成に働きかけたものもある。本章の残りの部分では時計におけるイノベーションを例にとりながらこれを説明する。

(1) 「遅刻」の誕生

　『遅刻の誕生』（橋本・栗山編 2001）という一見不可解なタイトルの本がある。遅刻がなぜ「誕生」するのだろうか。遅刻は誰しもがついうっかりとやってしまう過失である。昔から繰り返されてきた失敗であるから，誕生という概念には馴染まないと思われる。しかし同書の著者たちは遅刻という概念，またそれが過失であるという倫理観は時計におけるイノベーションとともに誕生し，普及したと主張する。

　遅刻とは「定められた時間に遅れる」という行為であるが，機械式時計が現れる以前は，「時間を定める」ということ自体が非常に困難であった。古代から人間は日時計，水時計，あるいは天体の動きといった自然現象の一部をもちいて時間を計測してきたが，日照時間は季節によって変動するし，水の流れはさまざまな条件によって一定ではない。また，天体運動は年月日といった大まかな時の流れを教えてくれるが，1日の中の時刻までは示してくれない。機械式時計が現れる前の人々は「鶏が鳴くころ」，「太陽の光が石の中の穴に来るころ」，「日没のころ」といった表現しかできない「不均一な時間」を生きてきたのである。不均一な時間のもとでは「○時○分に○○へ集合」という約束はできず，今日的な意味での「遅刻」という概念は存在しなかったと言ってよい。

　だが機械式時計を生んだイノベーションはこうした状況を大きく変えた。歯車やぜんまいによって動くこの時計は，「秒，分，時」という均一な単位で時

間を測ることを可能にした。機械式時計の登場によって，今日のわれわれが普通の自然現象とみなしている「均一に流れる時間」というものが初めて登場したのである。そしてそれが普及するにつれて，人々もそれに沿って行動するようになった。そうした行動様式は，交易，交通，教育などさまざまなルートで社会へ浸透し，今日の時間厳守という倫理観の成立に貢献したと言われている。

(2) 機械式時計の技術革新と労働および賃金[2]

　機械式時計が発明されたのは13世紀末～14世紀前半のころであろうと推定されている。1339年のミラノの年代記には，同年8月14日の午後3時に市民の1人が死んだという記録が残されているが，これは今日のわれわれが馴染んでいる「均一な時間」で人間の社会活動をとらえた最初の記録であると考えられている。

　14～15世紀になるとヨーロッパの各都市に機械式時計が設置されるようになり，都市に住む人々は機械式時計がつくりだす「時刻」に沿って生活を営むようになった。今日と同じように，機械が刻む均一な時間に沿って人々が行動する社会が誕生したと言えよう。

　さて，14世紀半ばにヨーロッパを襲ったペスト禍は，人口の3分の1～3分の2を死亡させたと言われているが，このことにより労働力が不足し，結果として当時の日雇い労働者や農園労働者たちの賃金交渉力が強まった。彼らはしばしば雇用主と労働時間をめぐって激しくやりあった。雇用主にとっても労働者にとっても，「決まった時刻にやってきて，決まった時刻に休息を取り，決まった時刻に帰る」，という状況が望ましかったのは同じであるが，日の出・日の入りなどの季節変動がある不均一な時間の中では，「決まった時刻」を決めるのが容易ではなかった。雇用主は労働時間がなるべく長くなるような時刻の決め方（すなわち，生産物一単位当たりの労働コストが低くなるような時間基準）を主張し，反対に労働者はなるべく早く仕事を切り上げられるような（すなわち，賃金が高くなるような）時間基準を主張した。こうした紛争の解決には均一に流れる時間が必要であったし，それをつくりだす信頼のおける道

具が強く求められるようになっていった。機械式時計はこのような社会的要請の中で普及していく。

さらに17世紀には新たな技術革新によって時計の正確さが飛躍的に増し，均一な時間はますます普及することとなった。18世紀に工業生産が発達すると「均一な時間」はより一層厳密性を増し，労働時間が厳格に管理され，労働に支払われる賃金も厳密に計算されるようになっていった。生産工程は分解されて工場内分業が始まり，それぞれの工程に必要な時間も決められて，それに応じた費用や賃金が計算されるようになった。こうして，今日の「働いた時間に応じて賃金が支払われる」という慣行が定着していく。機械式時計とそれがつくりだす「均一な時間」は，ヒトがその労働をカネと交換することを促進したと言えよう。同時に，遅刻による損失を金銭価格で表示することも可能になったため，それを瑕疵とみなす倫理観も強化されたのであろうと思われる。

われわれはしばしば「時はカネなり（Time is money）」という表現を使うが，これはとりもなおさずわれわれが「時間と貨幣は同一のもの」とみなしていることを示している。「時間を無駄にすることはカネを浪費することに等しい」，という価値観は，人間が古代から有していた特性ではなく，むしろ歴史的にみれば最近の数百年の間に，時計の技術革新に色濃く影響されながら体得した考え方である。つまり「遅刻」とは，機械式時計がつくる「均一に流れる時間」の登場と普及に助けられて広まった概念である。

イノベーションとは「経済効果をもたらす革新」のことである。新しい製品や生産の方法が導入され，人々に評価されて受け入れられて社会に広まり，その広まりの過程で経済効果を生み出すプロセスのことである。イノベーションは多様な形態をとるが，シュンペーターの「5つの新結合」を使って分類できる。

イノベーションは国や地域に正の経済効果をもたらすが，個々の企業に及ぼす影響は複雑である。既存企業の競争力を増強する場合もあれば，有力企業を破壊してしまう場合もある。

イノベーションはまた，個人の行動様式や生活，あるいは社会の在り方にもインパクトを与える。機械式時計の事例でみたように，イノベーションは社会のニーズに沿って普及し，人々の行動様式に色濃く影響し，人々の倫理観や社会の形成にまで深くかかわることもある。

❖ 注

1 こうした状況は昔の小説にたびたび描かれている。たとえば，井上靖（1907-1991年）の自伝的小説『夏草冬濤』の前半では，伯母の家に下宿している主人公（旧制中学3年生）が日曜日の早朝に目をさますが，伯母が起きて朝食の支度をしてくれるまで布団の中で空腹に耐えながら待つ，という情景が複数回出てくる。また小説後半，主人公が寺へ下宿する際には，能弁な上級生がわざわざ寺へ同伴し「朝食には卵をつけてやってくれ」と交渉する。インスタント食品というイノベーションの登場と普及以前は，このように調理者への配慮が常に求められており，それに伴う不自由さが当たり前とされていた。

2 ここでの記述の多くはファン・ロッスム（1999）に基づく。

❖ ディスカッション問題

1．イノベーションの例を1つ挙げ，どのようなニーズに沿って誕生し，なぜ普及し，人間の行動や社会の在り方にどのようなインパクトを与えたかを論じなさい。
2．イノベーションが活発な社会では，なぜ慎重に設計された制度が必要なのか，具体的事例を挙げながら説明しなさい。
3．破壊的イノベーションの例を挙げ，競争力にダメージを受けたと思われる企業・製品・その主要顧客を調べ，破壊した企業・製品・その主要顧客と対比しつつ，その企業はなぜ当該イノベーションを採用しなかったのかを説明しなさい。

❖ 参考文献

Rybczynski, W. (1999) One Good Turn, The New York Times on the web.
http://www.nytimes.com/library/magazine/millennium/m1/rybczynski.html
（アクセス日：2014年5月30日）．

後藤晃（2000）『イノベーションと日本経済』，岩波新書。
橋本毅彦・栗山茂久［編・著］（2001）『遅刻の誕生』，三元社。
一橋大学イノベーション研究センター［編］（2001）『イノベーション・マネジメント入門』。
ファン・ロッスム，G（1999）『時間の歴史―近代の時間秩序の誕生』大月書店。

第2章
イノベーションの基礎理論

1　イノベーションのモデル分析

●画期的イノベーションと漸進的イノベーション

　第1章で述べたように，イノベーションとは新製品・新製法を成功裏に導入する（実用化され普及する）ことである。その製品・製法は**図表2.1**のような形状で進歩すると考えられる。横軸は投入された努力である。**図表1.1**のように時間としてもよいが，単に時間が過ぎて行っても成果にはつながらず，投入した努力（投資額）次第であるので，ここでは投入努力量にした。縦軸は価格も考慮し性能／価格比とする。とくに製法イノベーションでは費用が低減することで，性能／価格比は上昇する。

　投入努力を増やしても最初のうちは成果の向上は緩やかである。これはどの研究・開発アプローチが適切かもわかっておらず，さまざまなアプローチが並存しており，関連する技術も進歩していないからである。しかし，アプローチが絞られてきて，関連技術も進歩するにつれて成果の向上は急になる。ところが，次第に伸びが鈍ってきてそれ以上の進歩が望めなくなる物理的限界がある。線路の上を車輪で走行する鉄道では時速350キロ程度が限度でありそれ以上を望むならばリニアモーターカーのように車両を空中に浮かせる必要がある。プロペラを高速回転させ音速に近づけると表面に空気の塊ができて効率が悪くなるので，超音速機にはジェットエンジンが不可欠である。この物理的限界は科学的知識によって明らかになるが，科学的知識が充分でない場合はしばしば事後的にしかわからない。そのため，限界に近づいて成果の成長率が鈍化してい

るのに努力を続けたり，まだ成長の余地があるのに諦めてしまったりすることがおこる。

　イノベーション（厳密には第１章での持続的イノベーション）は非連続的（画期的）なものと累積的（漸進的）なものとに分類できる。画期的なものは**図表２.１**にあるようにまったく新しいＳ字を作り出すことである。新しいＳ字は古いＳ字の物理的限界を突破できる。漸進的というのはＳ字に沿って成果を向上させることである。できるだけ早く物理的限界に到達することである。新しいＳ字は登場したときには古いＳ字より下に位置する。液晶テレビは実用化当初は斜めからは明瞭に観ることができなかった。また，価格も高かったので，性能／価格比では従前のブラウン管テレビに劣っていた。その後の改良があったので現在ではほとんどが液晶画面に代替された。

　一方，淘汰されることを恐れた既存技術のメーカーも努力するので代替時期が延びることもある。蒸気船は川をさかのぼるためには1830年代に普及したが，外洋航海では帆船も進歩していたのでなかなか追い抜けず，多くの船は蒸気動力を併用する帆船であった。1840年代に浦賀に来航したアメリカのペリー艦隊は蒸気船であったが帆も持っていた。

　「漸進的」というのと「画期的」に比べて意義が小さいようだが，改良がお

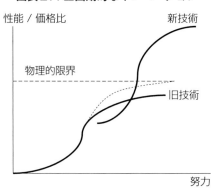

図表２.１■画期的なイノベーション

出所：筆者作成。

こることで新製品のコストが低下し性能が向上し，普及が促進され社会的インパクトも大きくなり，真のイノベーションにつながるのである。もちろん，画期的なイノベーションと漸進的イノベーションとは異なる企業が担い手になることもあり，それが企業の盛衰や市場構造に影響を与えるので，社会にとっては両者とも重要なのである。

(1) リニアモデル

イノベーションの生成モデルとして著名なのがリニアモデルと呼ばれるものである。図表2.2が示すように，基礎研究，応用研究，開発，生産，販売が逐次的に起こってイノベーションにつながるという考え方である。基礎研究は真理を追究したいという知的好奇心に基づいて行われる研究で，商業的目的は持たず，研究成果は論文として発表される。論文発表によって研究者コミュニティで評価されること，そして「〇〇の法則」とか「△△の定数」という発見者の名前がついたり，ノーベル賞などを受賞することが最高の栄誉である。

論文発表が業績となることで，研究者は自分の研究成果を積極的に公表する。研究成果が共有されて他の研究者が利用できることは科学者コミュニティにとって望ましいので，研究者が発見を秘匿せず公表することが業績になるというのは科学者全体にとって恩恵をもたらす巧みな仕組みといえる。

応用研究はある程度の目的を持って行われる研究である。理学（物理学，化学，数学）は基礎研究であるが，工学は大学で行われている内容でも応用研究の性格が強い。開発は発明への最終段階であり特定の課題を解決することである。開発段階が終われば試作品，特許につながる。しかし，イノベーションは新製品・製法が実用化・普及しなければならないので，図表2.2には生産と

図表2.2■リニアモデル

基礎研究 ➡ 応用研究 ➡ 開発 ➡ 生産 ➡ 販売

出所：筆者作成。

販売の段階が含まれている。基礎研究は素粒子を衝突させる加速器のような費用のかかる施設もあるが、一般的にはコストは大きくなく、応用研究、開発に進むにつれてコストがかかる。半導体のように生産のためには工場を新設しなければならず、大きな資金を要する場合もある。

●イノベーションへの障害

リニアモデルは研究開発がイノベーションにスムーズにつながるように見えるが、実際には障害もある。まず、研究開発をしても試作品もできない、技術開発に失敗してしまう、という「魔の川」がある。次に技術はできていても、製品の形に落とし込む事業化に失敗する、「死の谷」がある。ここでは設備投資のための資金が不足するのも要因である。製品として売り出したものの顧客に受け入れられず他の製品との競争に負けてしまう、という「ダーウィンの海」がある。これらの難関を乗り越えてようやくイノベーションになるのである。

同様の議論をアメリカの技術論研究者のタッスィ（Gregory Tassey）も行っている。基礎研究によって知識が蓄積されれば技術的に失敗するリスクは減少するが、開発段階に近づけば商業的に失敗するリスクが発生するので、リスクの合計はむしろ大きくなる。成功確率と予想される利益の積である、期待収益率が小さくなってしまうので、民間企業は研究開発に躊躇する。政府は基礎研究だけでなく開発段階でも補助を行うべきだという主張につながる。しかし、リスクをとった者が大きな報酬を得る「ハイリスク・ハイリターン」が市場経済の基本であるから、政府の支援は不要という意見もある。また、リスク・期待収益の予想は難しいので、どのプロジェクトが政府支援に値するかを適切に決めることも難しい。

(2) ニーズかシーズか

リニアモデルは、科学の進歩がイノベーションにつながると想定するシーズ（タネ）重視、供給サイド重視である。一方、イノベーションにはニーズ、需

要が重要という考え方もある。これは1960年代にシュムクラー（Jacob Schmookler）という学者が提唱した。彼はリニアモデル全盛時代に需要も大切な役割があると述べただけで，需要がすべてと言ったわけではないが，その後，ニーズ重視かシーズ重視かの論争が続いた。ニーズ重視派は「必要は発明の母」という考え方で，予想された需要が研究開発投資の方向性に影響を与えるので，需要の存在がイノベーションを引き起こすというものである。第5章で述べるように戦争によって天然の原材料が入手できなくなると，人工（合成）の肥料・ゴムが実用化された。

　たしかにイノベーションは実用化・普及の段階を含んでいるので，事後的には必ず需要は存在している。技術的に優れていてもニーズがないものは実用化のための投資資金が集まらず，また商品化されても売れず普及しないのでイノベーションとはならない。ただ，消費者は何が欲しいか認識していない場合もあるので，マーケティング努力によって需要を喚起する必要がある。一方，ニーズがメーカーに認識されてもらえなかったり，メーカーの対応が遅かったりすると，ユーザー自らがイノベーションを起こすこともある。ユーザーによるイノベーションである。

　ただ，単純な欲求はニーズとは言えず，購買力を持った人の需要でなければならない。当該技術・関連技術の進歩によって価格が低下すれば需要が増大するが，技術進歩の予想が難しいので需要増加の予想も難しく，研究開発の方向性を定めるのは難しいのである。一方，需要は存在していても関連技術の進歩や知識の蓄積が不充分なら技術開発は成功しない。がんの特効薬はニーズはあるので研究開発投資も行われているが，知識の蓄積がまだ不充分なので実現できていない。

　結局，ニーズ重視派とシーズ重視派の論争は基本的には「どちらも重要」で，ケースバイケースでニーズがより重要だったりシーズがより重要だったりするということで落ち着いた。19世紀末から20世紀初めのイギリスの経済学者マーシャル（Alfred Marshall）は「価格を決めるのは需要か供給かと議論するのは，ハサミで紙を切ったとき下の刃で切ったのか，上の刃で切ったのかと論じるの

と同じだ（どちらも重要だ）」と述べたが，イノベーションについても同様であろう。

●パスツール型基礎研究

　基礎研究の中にはある程度の目的を持つものもある。19世紀のフランスのパスツール（Louis Pasteur）はワインの発酵問題に取り組む中で微生物を根本的に研究する必要にかられて微生物学を構築した。アメリカの電話会社AT&Tでは通信に関することのみ（ことなら何でも）研究が許されていた。同社のジャンスキー（Karl Jansky）は無線の雑音の原因を追究するうちに，宇宙から電波が飛んでくることに気づいた。宇宙からの電波の特性という基礎研究が行われるようになり，電波天文学という学問の始まりとなった。

　ストークス（Donald Stokes）はこのような目的を持った基礎研究を「パスツール型」と名付け，純粋に知的好奇心によって行われる基礎研究を「ボーア型」と呼んだ。ボーア（Niels Bohr）は陽子と中性子から成る原子核のまわりを電子が回るという原子構造モデルを構築したが，それが原子力エネルギーや半導体，さらにはレーザーにつながるなど，応用目的を意識してはいなかった。

　図表2.3はストークスをもとにラッタン（Vernon Ruttan）が考案したものである。ボーア型は公的な科学研究であり，パスツール型は市場を意識した科学研究である。民間企業による営利目的の技術開発が「エジソン型」と呼ばれる。エジソンは著名な発明家であったが，事業としての成功を常に意識していた。さらに政府による明確な応用目的を持った研究開発が「リッカバー型」である。リッカバー（Hyman Rickover）は第二次大戦直後の海軍大将で原子力動力の艦船の開発を推進し「原子力潜水艦の父」と呼ばれた。

　複雑な現代社会の課題を解決するためには，さまざまな専門知識が必要となる。既存の学問分野からの知識だけでは解決できない。地球温暖化の問題には気象学，海洋学，地球物理学，生物学さらには経済学の知識を要する。さらに，学際分野そのものの立ち上げが必要になってくることもある。そもそも電気工学は物理学と機械工学の融合，化学工学は化学と機械工学の融合であり，どち

図表2.3 ストークス・ラッタンモデル

	市場	
技術	エジソン型 （企業による応用研究・開発）	パスツール型 （目的のある基礎研究）	科学
	リッカバー型 （政府による応用研究・開発）	ボーア型 （知的好奇心による基礎研究）	
	政府	

出所：Ruttan, V. W. (2001) *Technology, Growth, and Development*, New York: Oxford University Press, p.537をもとに筆者作成。

らも20世紀初頭にアメリカのマサチューセッツ工科大学で始まった。学際分野の研究は業績にならないので大学の研究者はなかなかやりたがらない。しかし，新しい学問分野として立ち上がり，大学で学科となり学会が設立され学術雑誌が刊行されるようになると，そこでの発表が業績となるので研究者も積極的に活動する。もちろん，新しい学際分野も時間がたてば既存学問分野となり，解決できない問題に直面し新たな学際分野が必要となる。このことは学問の細分化がかえって進行し，研究者コミュニティがタコツボ化するという問題を引き起こす恐れがある。

(3) 科学と工学

　リニアモデルに関連することが科学と工学の関係である。技術とは科学進歩の応用結果であり，科学的知識が技術となり製品となるのであると考えられてきた。たしかに，頭の中で考えられた理論が実験室で証明されたとしても，それを工場で生産するには，プロトタイプ（試作品）やパイロットプラン（試験用生産施設）を作って実際の作動を試してみなければならず，橋渡しとしての工学の役割がある（パイロットプラントはシミュレーションでかなり代替できるようになったが，それでもシミュレーションの担い手としてのエンジニアの

役割は重要である）。

　図表2.4は東京大学の藤本隆宏教授によるものだが，エンジニアは工学の知識をもとに試行錯誤で技術を出発点A（最初の性能の状態）から目的地（問題の解決，目標性能の達成）にまでもっていく。科学的知識は試行錯誤プロセスのスタート地点を出発点Bのようにゴールの近くに置くことができ，ゴールインまでの時間を節約することができる。また，科学的知識によって開発しようとしている技術が実現可能か，不可能かも判断できる。

　しかし，科学と技術は相互依存関係を持ちつつも独自の発展経路を持つと考えた方が適切である。学問として技術を学ぶのが工学であるが，工学は人間の作った機械のしくみを明らかにすることである。その機械は理論的裏付けはなく試行錯誤の結果できたものも含まれる。工学の知識の蓄積が次の機械の発明に活きるし試行錯誤のプロセスも効率的にする。18世紀後半の蒸気機関の発明の多くは試行錯誤で行われたが，その作動を分析することで熱力学の知識が蓄積され，19世紀後半の内燃機関（エンジン）の発明につながった。一方，光学・測定機器のように技術が進歩することで自然現象の観察・測定が行いやすくなるので，科学も進歩する。このように科学と技術は相互に助け合いながらも独自の道を歩む。

図表2.4 ■モノづくりにおける科学の役割

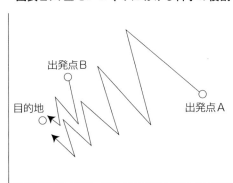

出所：藤本隆宏（2006）「アーキテクチャの比較優位に関する一考察」後藤晃・児玉俊洋編『日本のイノベーション・システム』東京大学出版会，p.215より筆者作成。

(4) 連鎖モデル

ニーズ重視派も一旦,需要に導かれて研究開発投資が始めればそこから先は逐次的にイノベーションにつながると考えていた。しかし,1980年代になると,リニアモデルの一方向性への批判が高まり,**図表2.5**のような連鎖モデルが提唱された。

「連鎖モデル」ではニーズの認知が初めに来ているが,重要なことは各段階の順番ではなく,各段階が鎖が連なるように重複し,うまくいかなかったら前の段階,さらにその前の段階にまで戻ってやり直すというフィードバックループの存在である。連鎖モデルではイノベーションは基礎研究から始める必要があるとは想定されていない。まず,既存の科学技術知識を用いる。科学技術知識との結びつきは,**図表2.5**が示すように発明・総括設計の段階が一番強いのだが,市場の認知や販売・マーケティングの段階では経営科学の知識が,再設計・生産の段階では機械工学やコンピュータによるデザインの知識が必要であり,各段階の担当者は既存の科学技術知識のプール(貯水池)に相談に行く

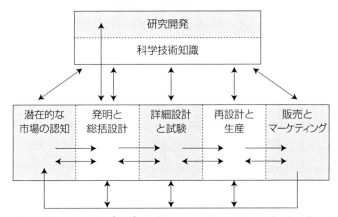

図表2.5■連鎖モデル

出所:Klein, S. J. and Rosenberg, N. (1986) An Overview of Innovation, in Landau, R. and Rosenberg, N. (eds.) *The Positive Sume Strategy*, Washington, D.C. : National Academy Press, p. 290, 一橋大学イノベーション研究センター編 (2001)『イノベーション・マネジメント』p.70より筆者作成。

コラム2.1　外発イノベーションと内生イノベーション

　経済発展のためには，①海外から技術移転を行うか，②国内で新技術を発明するかの２つの選択肢しかない。①の立場をここでは外発イノベーションと呼び，②の立場を内生イノベーションと呼ぶ。

　日本の明治期に採られた「殖産興業」は，①の立場から西洋の先端科学技術を導入し一日も早くキャッチアップを夢見た政策を指すものであり，米国が使用するNot Invented Here（NIH）という言葉は，②の立場から自国内で発明された技術の利用が優先され，他国による自由な利用はアンフェアーだとの主張を指すものだった。日本は常にキャッチアップ型の人材育成を続け，明治期にベルツ（Eric von Bälz）教授が警告した「科学を育てる人材育成の必要性」は歴代政府によって戦後もなお無視され続けてきた。キャッチアップをあまりに急ぐため，1980年代に米国からNIHを指摘されるまで内生イノベーションに必要な人材育成のための制度構築を怠ってきた。

　1945年8月20日の朝日新聞に「科学立国」の文字が躍っていた。しかし，それは単なる情緒的な掛け声だった。日本が科学技術立国へと真剣に努力を開始するのは1970年代後半の米国通商法301条による通商摩擦の勃発が契機だった。日本の半導体，スーパーコンピュータおよび自動車の対米集中豪雨的輸出攻勢が米国内に大量の失業発生をもたらし，米国政府が日本の産業政策をアンフェアーだと強く非難したことから日本の基礎研究への関心がようやく高まることとなった。日本企業には海外で発明された技術を導入し，いち早く改良して生産性を上げることができる優秀な技術者が揃っていた。しかし，ゼロから新しい思考と発想で基礎研究を推進するにはあまりにも科学研究者層が薄弱だった。1981年，通産省はそれまでどの国においても研究されたことのない「新世代電子計算機（論理推論一階記述言語型コンピュータ）」の開発をスタートさせ，内外にNIHからの脱却を印象付けようとした。しかし，当時の日本国内にはゼロからのものづくりの必要性を理解できる企業は少なく，期待利潤が明確でないなどの理由で企業側からの参加研究者，技術者は増えなかった。科学技術基本法が制定されるのは1995年，戦後50年の時がすでにたっていた。

のである。その際，既存の科学技術知識が不充分ならば研究開発が行われる。

　連鎖モデルはわが国の自動車・家電企業の成功に影響を受けたともいわれる。欧米の大企業は博士号を持った技術者が設計図を描き，生産現場の工場長との協力があまりなかった。日本企業は開発と生産の現場の連携がよかったので不良品を抑えたりモデルチェンジを早めることができた。

　第5章で述べるようにバイオテクノロジーの発展によって医薬品産業では基礎研究が新薬につながるリニアモデルが成り立っているように見える。企業は秘密裏に研究開発を行っているので，外部からみれば基礎研究が突然，ブレークスルーを生みだすような印象を受ける。たしかに薬の場合，患者の数がわかっているのでニーズは明らかで，イノベーションを規定するのはシーズ次第ともいえる。しかし，企業の研究所内では研究結果から効能を生みだす化合物を予想し，シミレーションしてうまくいかなければまた研究段階に戻るという「連鎖モデル」に似たプロセスが行われている[1]。

2　市場と政府

(1)　市場の失敗

　研究開発活動，とくに基礎研究の成果は論文として発表され，特許にならないことが多い。論文の読者は論文の内容をヒントにして自分のために応用研究や開発を行うことが可能である。そのため企業が研究に投資してもその成果を完全に自分のものとして回収することができない。成果を回収できる可能性のことをAppropriability（専有可能性）と呼ぶが，専有可能性が低いのである。また，自分以外の主体の利益になってしまうことをスピルオーバー（spillover）効果（コップに注いだ水があふれて周辺を潤すこと）または「プラスの外部性」と呼ぶ。外部性には大気汚染のようにある企業の行動が市場取引（対価の発生）を経ずに他の経済主体に悪影響を及ぼす「マイナスの外部性」もあるが，ここでは他人を助ける「プラスの外部性」である。スピルオーバー効果があれば研究開発活動は社会全体に恩恵をもたらすわけで社会的収益率は企業が回収

できる私的収益率よりも大きくなる。

　また，研究開発活動が生み出す科学技術知識には公共財（public goods）の性格がある。公共財とは他人と一緒に消費しても価値（所有者にとっての満足度）が減らない，またはもう一人消費者が増えても供給するための費用が増えないという「非競合性（non-rivalnessまたはnon-rivalry）」と，料金を払っていない人を消費から排除できないという「非排除性（non-excludabilityまたはnon-exclusiveness）」を持っていることが条件である。科学技術知識では，たとえばある人が丁寧に測定して円周率を3.1415であることを明らかにしたとしよう。これを他人に教えた途端に3.14にまで値の精度が低くなることはないので「非競合性」は満たされる。さらに，一旦教えてしまったら，教わった人がその知識を使うたびに料金を徴収することは物理的に不可能であるので，「非競合性」も満たされる。このような場合，企業が研究開発に投資をしても成果である情報がもれたら他人に自由に使われてしまうので，スピルオーバー効果が生じ，企業は率先して研究開発投資を行って研究成果としての情報を獲得しようとは思わない。一方，研究成果としての情報が漏れてもその情報そのものの価値は減らないのだから，政府資金を投入してでも社会全体に知らしめたほうが良い。

(2) 市場の失敗の是正策

　このように市場メカニズムに任せておいては不都合が生じる「市場の失敗」を示しているのが**図表2.6**である。研究開発活動を1単位増やしたときの便益の増加分を限界便益という。限界便益（Marginal Benefit：MB）曲線は右下がりであると想定する。一方，研究開発活動を1単位ふやすときの費用の増加分を限界費用（Marginal Cost：MC）曲線と呼び，これは右上がりであると想定する。この想定とは逆に，もし限界便益曲線が右上がりで限界費用曲線が右下がりならば，企業は単に研究開発投資を増やしていけばよい。限界便益曲線が右下がりで限界費用曲線が右上がりの時には，企業は研究開発投資をやめるべき点，最適点，を探さなくてはならないのである。

　スピルオーバー効果があると，社会的限界便益曲線（Social Marginal Benefit：

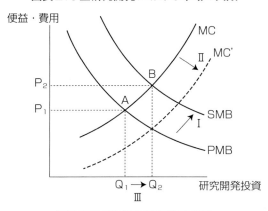

図表2.6■研究開発における市場の失敗

Ⅰ：プロパテント政策
Ⅱ：研究開発投資減税
Ⅲ：政府による研究開発支出

出所：筆者作成。

SMB）が企業にとっての私的限界便益曲線（Private Marginal Benefit：PMB）よりも上に位置する。市場メカニズムの下では，企業はあくまでも私的限界便益に基づいて判断するので，研究開発投資額はPMBとMCの交点であるA点で決まり，研究開発投資額はQ_1となる。しかし，社会にとって最適なのはSMBとMCの交点であるB点であり，社会的に最適な研究開発投資額はQ_2である。

この「市場の失敗」によるギャップを埋めるにはいくつかの方法がある。第一が図表2.6のⅠのようにPMBを上にシフトさせてSMBに一致させることである。これを実現する手段の1つが特許である。基礎研究の成果まで特許で保護して他人が利用する際にはライセンス料を払ってもらうのである。そうすれば，私的限界便益が増加し社会的限界便益に近づく（ただし，他人の研究成果の利用に料金がかかるようになればMCの増加につながる恐れがあるので特許の重視はイノベーションへの万能薬ではない）。もう1つの手段は研究開発投資に対する政府補助金である。研究開発投資を行えば研究開発の私的限界便益に加えて補助金という金銭の便益が加わるので，PMBを上にシフトできる。

第二がIIのようにMC曲線を右下にシフトさせることである。これは研究開発投資減税によって企業の費用負担を減らすことであり，仮に企業がPMBに基づいて行動したとしてもシフト後のMC'との交点ではQ_2を実現できる。第三がIIIのようにQ_1とQ_2の差を政府が支出することである。現在，どの国でも政府が科学技術予算を組んで大学や国立研究所での研究開発を支援している。

3 ナショナル・イノベーション・システム

(1) イノベーションに影響する制度的枠組み

　イノベーションの担い手は企業であるので，才能にあふれ努力を惜しまない起業家がイノベーションを引き起こす。しかし，彼らが活躍できる環境を整えることも重要である（起業家については第8章参照）。マイクロソフト社の創業者であるゲイツ（William Gates）氏が別の国，別の時代に生まれたらあのような活躍ができたかは疑問である。イノベーションを促進する制度的枠組みが，ナショナル・イノベーション・システム（National Innovation System）である。この制度的枠組みの良し悪しがイノベーションに影響を与える。

　制度（institution）というのは「ゲームのルール」である。組織（organization）とは大学，企業，起業家などのプレーヤーである。プレーヤーの特徴とプレーヤーの行動，プレーヤー間の相互関係を規制するルールの組合わせが，ナショナル・イノベーション・システムである。大学院での研究が活発なのか，学部の教育中心なのか，産業が大企業から構成されているのか，新興企業が多いのか，政府が大きな軍事予算を組み，それに伴って科学技術予算も大きいのか，などがプレーヤーの特徴である。

　さらにプレーヤーの行動に影響を与えるのが財産法，税法，特許法，独占禁止法などの法律であり，さらに，プレーヤー相互の関係に影響を与えるのは産学官連携の制度である。大学の教員が企業と自由に共同研究開発できるのか，コンサルティングや企業設立に時間をさくことに規制があるのか，などである。また，規制はなくても慣行・規範として許容されているか，ということも重要

である。さらに，政府の科学技術予算の規模とその実施者，すなわち政府の資金が国立研究所，大学，企業にどのように流れるかも国ごとに特徴がある。政府と産業界が密接なように見える日本より，アメリカの方が政府から企業への資金の流れは太い。ただし，これは基礎研究資金よりも軍事技術の開発資金である。また，金融機関・制度もナショナル・イノベーション・システムの重要な要素である。リスクと不確実性の高いイノベーション活動への資金の流れがあるのか，それとも既存の安全な投資案件が優遇されてしまうのか，長期的な視野で忍耐強く資金が提供されるのか，短期的収益をあげることが優先されるのか，ということである。

グローバルな時代であるのに，「ナショナル」にこだわる意味があるか，という意見もあろうが，法律は国単位であることが多いので，国単位でのシステムの分析はやはり重要である。その一方，アメリカのシリコンバレーのような国の中での特定の地域にハイテク産業が集積し独特の特徴を擁している場合もある。またはアメリカのテキサス州エルパソとメキシコ側のシウダーファレスのような国境をまたいだ経済圏もある。したがって，ナショナルでなく，「地域（リージョナル）イノベーションシステム」という視点も重要である。

(2) 制度変化の担い手としての企業家

技術もそうであるが，制度も経路依存性（path dependence）がある。現在の状態と将来の方向は過去の積み重ねである。現在同じ状態にいる2つの社会でも，過去から進んできた経路が異なれば将来進んでいく方向も異なる。この点で，ナショナル・イノベーション・システムの国際比較を行うのはよいが，安易に他国の制度を導入してもうまくいくとは限らない。

しかし，企業は制度を歴史的経緯からの所与のものとして受動的にとらえる必要もない。制度はイノベーションに影響を与えるが，経営者が制度変化に積極的に関わることも，イノベーションを遂行する上で重要である。自分たちに適した特許制度や競争政策を政府に陳情する。貿易相手国の不公正な政策を是正するよう政府に働きかけることによって，新製品の販売を可能にする。

アメリカでは1980年に大学が政府資金で行った研究成果を特許として保有し企業にライセンスして収入は国庫に返還しなくてもよい，というバイ・ドール法が成立した（実施は翌年）。産学連携を促進したこの法律を陳情したのは，大学で技術移転に関わっているスタッフであった。バイオテクノロジーが発展し始め，大学の研究成果の商品価値が高まっていたので，公的資金で行われた研究成果であっても自分たちのものにしようと思って議会に陳情したのである。

　制度を自分たちに有利な方向に変えることは企業にとって重要なイノベーション戦略だが，企業のエネルギーがそれに向き過ぎるのも問題である。極端な場合が，企業経営者が優れた技術を開発することよりも，官僚・政治家への陳情・接待にエネルギーを使ってしまう，「レントシーキング社会」である。最初の制度設計で権力の裁量権を抑えた公平な社会を築き，レントシーキングを行いにくくすることも必要である。イギリス・アメリカのアングロサクソンの社会は個人の財産が政府から保護され，政府の権力を最小限にすることで企業家のエネルギーをイノベーション活動に向けさせることに秀でていた。

❖ 注
1　ただ，人を対象にした臨床試験に入った場合は，結果が芳しくない候補薬は研究段階にまで戻らず，開発を断念することが多いと言われる。

❖ ディスカッション問題
1．ニーズは存在していたのにシーズが不足していて新製品がなかなか実現できなかった例，ニーズが不充分で失敗した新製品の例をそれぞれあげよ。
2．発明者が意図しなかった形で成功したイノベーションの事例を調べよ。
3．日本政府はリニアモーターカーの実用化を支援すべきか，議論せよ。
4．日本，アメリカ，ドイツ，イギリスにおける政府から企業，大学への研究資金の流れを調べて，ナショナル・イノベーション・システムの特徴を議論せよ。

❖ **参考文献**

近能善範・高井文子（2010）『コア・テキスト　イノベーション・マネジメント』新世社。

スティグリッツ，J. E., ウォルシュ，C. E.（藪下史郎他訳）（2013）『スティグリッツ・ミクロ経済学（第4版）』（特に第16章），東洋経済新報社。

宮田由紀夫（2011）『アメリカのイノベーション政策』（第1章）昭和堂。

宮田由紀夫（2013）『アメリカ航空宇宙産業で学ぶミクロ経済学』関西学院大学出版会。

第3章
イノベーションの普及

1 イノベーションの普及プロセス

　第1章では,「イノベーションとは経済効果をもたらす革新」と説明した。新しく誕生したもの（革新）は，たとえどんなに優れていても，広く行き渡らなければ経済効果をもたらさない。そこで本章では，新しく誕生した知識や製品・サービスが広く行き渡る過程（プロセス）を「イノベーションの普及」と捉え，それについて説明していく。

　イノベーションに投入された時間もしくは労力を横軸，新規のイノベーションを採用する人びとの累積数を縦軸にとり図を描くと，**図表3.1**のようにS字カーブとなる。同図表は，技術進歩を表した**図表2.1**と似ていることに注目して欲しい。イノベーション活動によって新しい製品・サービスあるいは知識が誕生すると，最初は少数の人々にしか受け入れられないが，時間の経過とともに採用する人々が増え，クリティカル・マス[1]（**図表3.1**の点T）を超えると普及のスピードが増す。点Sではほとんどの人々がそのイノベーションを採用済みであることから市場が飽和しており，これ以上の普及はあまり望めない。

　S字カーブの形状は，イノベーションの普及の速さや最大普及率をあらわすが，これはイノベーションごとに異なる。たとえば産業用ロボットの場合，その普及には十数年がかかったと言われることから緩やかなS字カーブを描いたものと思われる。対照的にスマートフォンは日本での登場から普及拡大までの期間が5年程度と短いことから，急峻なS字カーブをたどって普及している。

また，製品やサービスの普及率も，冷蔵庫や洗濯機のように100％近いものから，マッサージチェアのように発売から70年近く経っても全世帯の2割弱程度にとどまっているものまでさまざまである。

普及のS字カーブはイノベーションの普及過程を「事後的」に分析するのに有益なツールであるが，ある技術の広まりを「事前に」予測したり，その予測に沿って企業が戦略を策定したりすることには適さない（Schilling 2013）。なぜならば，普及のパターンはさまざまな要素によって絶えず影響を受けているからである。たとえば，食品包装用ラップ（サランラップなど）は日本市場では1960年に売り出されたが，発売当初はなかなか普及しなかった。当時，日本の家庭の多くは冷蔵庫を持っていなかったため，ラップを何に使えばよいのかわからなかったからである。しかし1970年代，冷蔵庫と電子レンジが普及するとラップの普及スピードも急速に増した。つまり食品包装用ラップの普及パターンは，他のもの（この場合は冷蔵庫と電子レンジ）の普及に強く影響されたのである。

イノベーションの普及に影響を及ぼすのは，上の事例にみられるような他の製品・サービスだけではない。むしろ「イノベーションそのものの性質」，「イノベーション採用側（人々や組織，社会）の性質」，「イノベーション供給側

図表3.1 ■イノベーション普及のS字カーブ

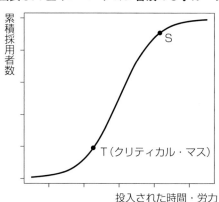

出所：ロジャース（2007）をもとに筆者作成。

(個人や企業など)の思惑」,「制度」といった多様な要素が相互に影響し合って,それぞれのイノベーション特有の普及パターンが現れる。

本章の第2～4節では「イノベーションの性質と普及(第2節)」,「イノベーション採用側の性質と普及(第3節)」,「イノベーション供給側の思惑と普及(第4節)」について,学際的視点から解説していく。なお,「制度と普及」については第2章および第11章で述べられる。

2　イノベーションの性質と普及

イノベーションの普及パターンは,イノベーションそのものの性質に影響を受ける。多くの人々が「便利だ,価値がある」と認めるものは早く普及するであろうし,また,より多くの人が使うほどその製品やサービスの便利さや価値が増して普及がさらに加速するものもある。前者のようなケースは「便益が高い」と言われ,後者は「ネットワーク外部性によって便益が増している」と表現される。これらが異なることでイノベーションの普及パターンも違ってくる。本節の(1)ではイノベーションそのものの性質と人々の便益認知の関係について述べ,(2)ではネットワーク外部性による便益の増加について説明する。

(1)　イノベーションの性質と採用者の便益認知

イノベーションによって生まれた新しい製品やサービスを,それを採用する側(人々や組織,社会)が有益だと認知すれば普及の可能性は高くなる。だが採用側が直ちに価値を認めて普及が速やかなものもあれば,反対に(事後的にみると便益が高かったにもかかわらず)人々の便益認知に時間がかかったためゆっくりとしか普及しなかったイノベーションもある。

それでは,どのような要素が採用側の便益認知に働きかけているのだろうか。相対的優位性,補完財,観察可能性,既存システムとの親和性という4つを挙げながら考察していく。

① 相対的優位性

　イノベーション活動によって誕生する新製品・サービスが，既存のものよりも優れていると採用側が評価する場合には，そのイノベーションは「相対的優位性」を持ち，便益が認知されて普及していく可能性が高い。イノベーションの採用側は「費用」，「期待した金銭的対価が得られるか」，「採用することで満足度は増すか」，「他人からの評判」等を考慮しながら相対的優位性を評価する。

　費用や金銭的対価はどの採用者にとっても同額である場合が多いが，満足度や他人からの評判は採用者ごとに異なる。たとえば，環境への負荷が少ない低公害車の場合，費用（購入費用や維持費用），金銭的対価（制度によって得られる補助金額）といったものは誰でも同じであろうが，満足度や他人からの評判は採用者ごとに異なる。環境意識が高く，またそういう仲間に囲まれている人々の間では，低公害車を買うことで満足度や評判が高まることから，相対的優位性は高くなり購入動機が高くなる。だが，そうではない人々にとっての相対的優位性はそれほど高くなく，便益も小さく，環境意識が高いグループに比べると普及は緩慢になる。

② 補完財

　補完財とは，複数の製品・サービスが機能を補い合うことによって単独で用いる場合よりも利用者にとっての便益が増すようなものをいう。ガソリンと自動車は互いに補完財であるし，コンピュータ本体とソフトウェアも同様である。ソフトウェアがない状態のコンピュータは用途が限られていることから，一般ユーザーにとっての価値は低く便益は小さい。だがワープロ・ソフト，表計算ソフト，ブラウザ，グラフィック・ソフト等々，補完財であるソフトウェアが充実していくことによって，利用者がコンピュータを買って使うことによる便益は増大していく。

　イノベーション活動によって誕生するのは新規性の高い製品・サービス・知識であり，それ以前には存在していなかったものが多いため，発売当初には補完財が充実していないことが多い。だが時間の経過とともにそれが充実すると

利用者の便益が大きくなり普及も加速する。先に挙げた食品包装用ラップのケースでは，冷蔵庫と電子レンジという補完財が普及したことでラップの普及も拡大した。採用側の立場からすると，補完財を得て初めてラップという画期的新製品の便益が明らかになったのである。

　以上のように，補完財の充実によって新製品やサービスの便益が潜在ユーザーに認識されたときに当該イノベーションは普及していく。

③　観察可能性
　イノベーション活動によって誕生した新しい製品・サービスが既存品よりも高い便益をもたらすということが，多くの人々の目に明らかな状態を「観察可能性が高い」と表現する。反対にたとえ将来，ユーザーに大きな便益をもたらすものであっても，その便益が目に見えないものを「観察可能性が低い」という。観察可能性が低いイノベーションの典型例が予防接種であろう。予防接種は，そもそも起こるかどうかさえ不確実な「病気の発症」という出来事の，その起こる確率を低くするものであるため，採用側にとって便益は目に見えない。よって，普及が進まないことが多い。予防接種の他に石鹸や消毒液，薬などの中には優れているが観察可能性が低いイノベーションが多く，普及には困難を伴うこともしばしばである。そのため観察可能性を高めるさまざまな工夫が施される。ここでは「効果の視覚化」という取り組みを紹介する。

　効果の可視化とは，イノベーションの便益が潜在ユーザーに認識されにくい場合に，それを「見える化」することである。たとえば石鹸は皮膚の汚れと雑菌を除去するものであることから，病気の発症という望ましくない出来事が起こる確率を低くしてくれる。しかし雑菌の恐ろしさを知らない人々の目には，そうした石鹸の便益が見えないため価値が不明瞭であり，彼らの間では石鹸は普及しないであろう。こうした場合には，石鹸や雑菌を擬人化して戦わせるというポスターを使い，視覚に訴えることで便益を認知させる。学校の保健室でしばしばみかける「バイキンと戦う歯磨き」というポスターは，こうした効果の可視化の1つである。

インド最大の石鹸・洗剤メーカーであるヒンドゥスタン・ユニリーバ（HUL）はライフブイという石鹸を同国で普及させるために，石鹸を擬人化したヒーロー（ライフブイ・ヒーロー）が雑菌と戦うという紙芝居を使った。また，雑菌に見立てた特殊なパウダーを手に塗らせて紫外線を照射し，水だけで洗っても雑菌は落ちないが石鹸を使うと落ちるということを「見える化」した。

このように観察可能性の高低も採用側の便益認知に影響を与え，イノベーションの普及を左右する。

④ 既存システムとの親和性

画期的な新製品・サービスあるいは知識──たとえば新しい機械と新しい生産システム──が登場したとして，それを企業が採用するかどうかを考えてみよう。企業の持つ資源・ビジネスのやり方・価値基準・企業風土と，新しいものが親和性を持つ場合，企業はそれを採用して新しい生産方法を試すだろう。同社内でのイノベーションの普及は進むだろう。個人の場合も同様である。イノベーションによる新製品・サービスが，人間の持つ価値観や社会の規範と親和する場合には，普及もスムーズだろう。反対にどんなに優れたものであっても既存システム（企業の資源・ビジネスのやり方・価値基準・企業風土，あるいは人間の価値観や社会の規範）と親和性が低い場合には，普及が著しく遅れるか，あるいはまったく普及しない。

既存システムとの親和性が，潜在ユーザーによる便益評価にどのような影響を与え，それが普及にどのように作用するのか，企業，人間，社会という3つの視点からみてみよう。

●企業からの視点

企業の持つ資源・ビジネスのやり方・価値基準は，イノベーションの普及に著しい影響を及ぼす。イノベーション活動によって生まれた新技術やサービスが，既存企業の持つ資源・ビジネスのやり方・価値基準と相性が悪かったり，あるいは既存企業の優位性を侵食すると懸念される場合は，その新技術・サー

ビスは価値が低いと評価され，普及が遅れる。

　たとえば，オンライン電子出版という革新的サービスは1990年代に本格的な普及が始まったが，アメリカの大手メディア企業であるタイム社は2000年代半ばまではこれを採りいれようとはしなかった。紙媒体による出版で高い競争力を誇っていた同社にとって，新興サービスであるオンライン出版に魅力があるとは思えなかった。また，電子出版と紙媒体出版が互いに既存の購読者を奪い合う「共喰い（cannibalization）」現象が起こるという懸念もあった。2005年に当時のCEO（最高経営責任者）がオンライン出版へ多額の投資を行うと正式決定してようやく戦略が変更されて，現在ではオンライン出版を戦略の中心に据えている（Schilling 2013）。

　イノベーションの性質と，企業の持つ資源・ビジネスのやり方・価値基準が親和せず，新技術の普及が遅れたもう1つの事例として，第1章2-(2)の「破壊的イノベーション」を思い出してみよう。当時主流だったミニ・コンピュータ（ミニコン）よりはるかに性能が低く価格も安いパソコンが出現した1970年代，それまで市場をリードしていたミニコン・メーカー（DEC等）はパソコン市場への参入を見送ったか，あるいは参入しても成功しなかった。ミニコン・メーカー社内の価値基準が，低価格で利益率の低いパソコン事業への進出を妨げたからである。クリステンセンは下のように説明している：

> *ミニコン事業で成功するには間接費がかかるため，DECは，「粗利益率が50％以上ならいいビジネスになる。粗利益率が40％以下なら手がける価値はない」という基準を採用せざるを得なかった。経営陣は，すべての従業員がこの基準にしたがってプロジェクトの優先順位を決定するように徹底させた。（中略）パソコンは利益率が低いため，DECの価値基準には合わなかった。（クリステンセン 2001, p.231）*

　それでも，もし当時のミニコン・ユーザーたちが，DEC製の「パソコン」を熱心に求めたならば，彼らミニコン・メーカーもパソコンを製造・販売して収益を上げるのに必要な事業ノウハウを身に着けようとしたに違いない。しか

し実際には，当時のパソコンの性能はミニコン・ユーザーのニーズを満足させるものではなかったため，DECなどのミニコン・メーカーもパソコンを製造・販売するための新しい知識や仕事のやり方（世界中の優れた供給業者に最もコスト効果の高い部品を「外注する」ノウハウなど）や，ミニコンよりパソコン販売に重点を置くような企業内の価値基準（セールス・パーソンを売上高でなく売上げ「台数」で評価するなど）を身につけることはなかった。

　このように，企業の既存能力や価値基準と親和性の低いイノベーションは当該企業内での普及が遅れるか，まったく普及しないことがある。反対に親和性の高いものは便益が高いと認識され普及することが多い。たとえばデジタル・カメラを生んだイノベーションは，コダックのような写真用フィルムで収益を上げていた企業の価値基準とは親和しなかった一方で，カメラの販売で収益を得ていたキヤノンの能力や価値基準とは親和して，キヤノン内ではスムーズに普及した。同社は電子シャッターの技術開発のために早い時期から電子機器に関する研究開発を行っており，そこで構築した能力がデジタル・カメラ技術と親和した。また同社はフィルムで収益を上げていなかったため，「フィルム・カメラでも，デジタル・カメラでも，売れるカメラは良いカメラ」と判断したのである。

　企業風土も普及に影響を及ぼす。大企業はしばしば，中小企業が開発した技術を使うことを渋る。あるいは他社や他部署で誕生した優れた知識・技術の採用が見送られることも珍しくない。「他所で生まれたものだから（Not Invented Here）」という理由から新知識を採用しないという，こうした現象はNIH（自前主義）症候群と呼ばれる（ティッド他 2004）。1950年代後半，ソニーのトランジスタ・ラジオが米国市場を席巻した際に，アメリカの家電メーカーは当時の発展途上国・日本で発達した同製品を鼻であしらい技術を採用しなかったというが，これもNIH症候群の1つである。NIH症候群は官僚主義的な企業風土から発生すると言われるため，企業風土もイノベーションの普及と密接な関係を持つと思われる。

●人間からの視点

　既存システムとの親和性とイノベーションの普及の関係をみる際には，人間の視点も重要である。とくに人間が時間をかけて獲得したスキルとの親和性は普及に重大な影響をおよぼす。有名な事例としてキーボードの「QWERTY」配列がある。ほとんどのパソコン・キーボードでは，上段に「Q」「W」「E」「R」「T」「Y」という順番でアルファベットが並んでいる。このQWERTY配列は，パソコン以前のタイプライターの技術仕様に基づくものであるが，現代でも変化していない。初期のタイプライターが登場したのは19世紀後半であるが，その頃のタイプライターは素早いタイピングに耐えられるものではなかった。当時の技術の限界もあって，タイピングのスピードが増すと壊れやすい構造になっていた。そこでタイピングのスピードを遅くする――つまり打ち難くする――ために，わざとキーボードはQWERTYと配列されていた。QWERTY配列のキーボードは人間が使いにくい仕様なのである（一橋大学イノベーション研究センター 2001）。

　19世紀後半以降，タイプライターは大きな技術進歩をとげ，また今日ではパソコンに姿を変えていることから，キーボードは打ち難い仕様である必要はない。実際，人間工学に基づいた効率的で打ち易いキーボードが幾つも登場したが，そのどれもが普及しなかった。新しいキーボードが普及しない理由の一つとして，人間がすでに獲得しているタイピング能力との親和性が低いということが考えられる。

　われわれの多くは，過去に時間をかけて打ち難いQWERTYキーボードを上手に操るスキルを習得した。もし新しい配列のキーボードが普及してしまったら，QWERTYを打つスキルは不要なものとなる，つまり習得にかけた時間と手間は無意味になってしまうのだ。専門的な言い方をすると，「QWERTY習得にかけた費用が埋没費用（サンクコスト）[3]化する」のである。多くの人々は，既得スキルにかけた費用がサンクコスト化するような新技術や製品・サービスを歓迎しない。よって，そのようなものを産むタイプのイノベーションは普及しないことが多い。

●社会からの視点

　第三の視点——社会——に目を移すと，社会との親和性もイノベーションの普及に多大な影響を及ぼしていることが分かる。まず社会で共有されている価値観や規範について考えてみよう。臓器移植技術は死にゆく人と生きたいと願う人をつなぐ技術であり，先進国の多くで普及しているが日本ではあまり普及していない。心臓がまだ鼓動しているうちに臓器を取り出すという臓器移植の必要条件が，日本人の死生観と親和しないのが普及停滞の原因の1つである。

　次に社会インフラとの親和性について考えてみよう。道路，港湾，水道，電力，通信網などのインフラストラクチャーが整っていないと普及しない製品やサービスは多い。停電が多い国では産業用ロボットは使えない。同様に流通網が整っていない地域ではネット・ショッピングは普及しない。だが興味深いことに，最先端の製品やサービスの中には高度な社会インフラを必要としないものがあり，これらは前世代の財が普及しなかった場所で爆発的に普及して経済発展や福祉に大きく貢献している。たとえば，携帯電話はそれ以前の固定電話に比べるとインフラ整備の負担が軽いことから，電話網が未整備の国々で広く普及している。バングラデシュの携帯電話キャリアであるグラミン・フォンのように，携帯電話を使って新たな事業チャンスをつくりだし，貧困層の収入向上に貢献しているケースもある。類似の例としては，電力供給網から外れた途上国の村々で普及が始まっているソーラーシステムがある。

　このように，前世代の技術が普及していなかった途上国で最先端のイノベーションが普及する，あるいは普及しつつある，という例はいくつも存在する。つまり，知識や技術の洗練度ではなく，イノベーションそのものの性質が社会インフラと親和性をもつかどうかが便益の大小を決め，それが普及のカギとなるのである。第2章では画期的な技術が当初は既存技術に対して性能・価格比で劣っており，既存技術が画期的技術に対抗して進歩することで代替が先延ばしされることを示唆した。このため，むしろ既存技術が発展していない社会の方が，新しい技術が普及しやすいのかも知れない。

(2) ネットワーク外部性による便益の増加

　これまでイノベーションの性質を形成するものとして「便益」に注目し普及との関係について説明してきたが，「ネットワーク外部性」もイノベーションの性質に色濃く影響して普及に深くかかわっている。ネットワークとは，ヒトやモノあるいは価値や情報を運ぶ「つながり」のことである。電話，電子メール，SNSなど相互に接続されている機器やコミュニケーション・サービスを通して人々はつながっており情報や価値が流れていることから，これらはネットワーク特性を持つ製品・サービスと呼ばれている。

　ネットワーク特性を持つ製品・サービスでは，「ネットワーク外部性（network externality）」が働く。ネットワーク外部性とは，同じネットワークに参加するメンバーが多いほど，そのネットワークの利用価値や便益が増大することである。LINEやFacebook Messengerなどのインスタント・メッセージ・サービスの利用者にとっては，加入者の数が多いほど利用価値が増す。加入者にとっては，それぞれのサービスの内容そのものよりも，どれだけ多くの友人が，どれだけ頻繁に使っているかの方が重要であろう。このように，製品やサービスの質ではなく，利用者数や利用頻度──これを「ネットワークの規模」という──が当該製品・サービスの価値に決定的な影響を与えている場合，「ネットワーク外部性」が働いているという。

　ネットワーク外部性が働いているときには，一定の普及率を超えた場合（図表3.1の点Tを超えた場合）普及が急拡大してS字カーブは急峻な形状となる。いったん普及してしまうと普及の規模そのものが優位性の源泉となるため，後から追いつくことは困難となる。つまり，ネットワーク特性を持つ製品・サービスの場合は，いかに品質が優れていても後発イノベーションの普及は困難ということになる。そうしたことを熟知している企業がこのような製品・サービスを市場投入する場合は，先行者となってライバルよりも先に点Tに到達しようとする。先行者のポジションを狙う企業が複数の場合は，先陣争いを繰り広げることから，開発期間が短縮され素早いマーケティングが展開される。これらのことから，ネットワーク外部性が働く場合には，他よりも早く普及し

たイノベーションの方が生き残る可能性が高いと思われる（先行者と後発者の優位については第6章を参照）。

コラム3.1　イノベーション普及の遅れ：明治期の脚気論争

　脚気（かっけ）は都市住民に白米食が広まった江戸時代中期以降，とくに明治〜大正時代に日本人を悩ませた恐ろしい病気であった。はじめは脚や全身の倦怠感から始まり，知覚障害や浮腫，運動障害を引き起こし，最後は心不全となってショック死する。この病気はとりわけ明治期の陸海軍を苦しめた。明治11（1878）年の陸軍では兵員の約37％が脚気病にかかっており，また海軍でも明治15（1882）年の記録として軍艦「扶桑」の乗組員のうち半分以上が脚気にかかって動けなかったという記録が残されている。

　脚気の治療法は日清戦争以前に発見されていたのにもかかわらず知識が普及せず，日清・日露戦争では戦争史上類をみないほどの脚気病による死者が出てしまった。新しい治療法というイノベーションの普及を遅らせた原因の中には，人間関係や価値観の違いなどが含まれていた。文豪・森鷗外は陸軍軍医界のリーダー的存在であったが，このイノベーションの普及に激しく抵抗した。

　当時の脚気は，玄米を精白して糠を落としてしまうこと，および麦や他の穀類の摂取が不足することでビタミンB1が欠乏することから起こっていた。だが明治期にはそうした病因が分からず，医学者，海軍，陸軍などが「栄養障害説」と「細菌説」に分かれて激しく論争していた。

　明治16（1883）年，5年間のイギリス留学を終えて海軍省医務局次長に就任した高木兼寛は臨床重視の立場から，白米中心の当時の兵食（つまりは偏った栄養）に脚気の原因があると見当をつけ実験を重ねて，白米に麦飯，パン，獣魚肉など多彩な食材を加える「兵食改良」を実施した。これは「麦飯論」と揶揄されたが効果は絶大で，明治19（1886）年ごろには海軍の脚気の発症者はほぼゼロとなった。明治天皇はこれを喜び，「栄養障害説（麦飯論）」を強く支持した。

　同じく明治19（1886）年，「ドイツで細菌学を本格的に学んだ最初の日本人医学者」と評判高い緒方正規（東京大学医学部）は「脚気菌を発見した」と公表し，「細菌説」を支持した。彼は高木の「麦飯論」を鋭く批判し，論

争に勝ったといきんだが，弟子筋にあたる北里柴三郎がこれを否定し，緒方の説は雲散霧消した。北里は当時の医学界で世界的権威であったベルリン大学教授のコッホ（Robert Koch）の門下生であり世界で高い評価を得ていたが，緒方の「細菌説」を否定したことにより「師弟の道をわきまえぬ者」と批判され，一生を在野で過ごすことになった。

　こうしたことから「細菌派」と「栄養障害派（麦飯論）」の対立は収まらず，日清戦争（1894～1895年）・日露戦争（1904～1905年）で多くの脚気病による死者を出した。細菌派には，学問上の理論を重んじる学理優先主義者が多かった。彼らにとって高木らが提唱する麦飯論は，「いまだ正確な統計に至らず」，「学理で証明されていない」憶測にすぎず，「学問上，同意ができない」ものだった。陸軍省医務局主流派，内務省衛生局，東京大学医学部，元老・山縣有朋が細菌派を形成していた。同派の中には，既述の緒方正規や森鷗外といった当時の最先端の細菌学をドイツで学んだ者たちが多く，「脚気は細菌が原因であるから，兵食改良では治癒しない」と強固に主張してイノベーションの採用を拒んだ。

　高木に代表される栄養障害派（麦飯論）は，イギリス流臨床医学の方法論を用いながら実験を重ねて，「未だその原因は分かっていないが，栄養のバランスを整えると脚気は治癒する」とし，兵食改良によって海軍の脚気患者をゼロにした。海軍全体，陸軍の地方師団（非主流派），明治天皇などがこれを支持していた。兵食改良は的確な治療方法であったが，病気の原因が解明できていなかったことから，理論としては弱いものだったかも知れない。

　脚気の病因が明らかになったのは，明治43（1910）年に農学者・鈴木梅太郎が米糠からオリザニン（ビタミンB１）を抽出した後のことである。大正13（1924）年に政府の調査会が「脚気はビタミンB欠乏に起因する」と認めたことで脚気論争は正式決着した。森鷗外はその後まもなく没したが，死ぬまで「脚気菌」を探していたという。

　兵食改良という治療法，すなわち画期的イノベーションは現実に目覚ましい成果を上げていたにもかかわらず，陸軍医学界や東大医学部からの抵抗に遭い普及がきわめて緩慢になり，多くの兵員が命を失うこととなった。

（資料：秦郁彦（2011）『病気の近現代史―幕末から平成まで』文芸春秋．福岡伸一（2009）『動的平衡―生命はなぜそこに宿るのか』木楽舎．村上陽一郎（1983）『ペスト大流行―ヨーロッパ中世の崩壊』，岩波新書）

3 イノベーション採用側の性質と普及

イノベーションの普及には，前節の「イノベーションの性質」に加えて，それを採用する人々や企業（採用側）の性質も強い影響を及ぼす。革新的な製品やサービスが登場した際には，それを真っ先に採用する者もいれば，他人の様子をうかがいながら採用態度を決める者もおり，また断固として拒否する頑なな一群も存在する。こうした採用のタイミングで採用側を分類し，どのような性質を持つ一群が採用した時にイノベーションが普及するのかを推定することもできる。ロジャース（Everett Rogers）による採用者カテゴリーはそうした研究の中でもっともよく知られている。これは縦軸にそれぞれの時期における採用者の割合をとり，横軸には採用者カテゴリーをとって釣鐘曲線（ベル・カーブ）[2]を描いたものである（図表3.2参照）。以下では，5つの採用者カテゴリーについて説明する（ロジャース 2007）。

図表3.2 ■ 普及のベル・カーブと採用者カテゴリー

出所：ロジャース（2007）をもとに筆者作成。

① 革新的採用者

このカテゴリーに属する人びとは，いわゆる「新し物好き」である。新規性の高い製品やサービスは操作が複雑であったり，望みどおりの機能が出せるのか不確実であることが多いが，そうしたことを問題にせず新しいものを大胆に

採用する。ただ，「新し物好き」という言葉が象徴するように，彼らは必ずしも社会の中で尊敬されているとは限らないため，他のカテゴリーの人々に与える影響力は限定的である。したがって，彼らが普及を本格化させるとは言えない。ただし，革新的採用者は他の社会集団とつながっており，そこからイノベーションを最初に持ち込むため，普及の第一歩を記すという意味では非常に重要である。

② 初期少数採用者

このカテゴリーに属する人びとは，社会や仲間うちで尊敬を集めていることが多い。彼ら自身，敬意に値するような賢い選択や決断を行うことの重要性を認識しており，イノベーションの採用に際しても賢明な判断を下そうとする。そのため，革新的採用者のような即座の判断を下したりはしないが，その反面，大多数の者から尊敬される程度には先駆的であろうとする。

ひとたび彼らが革新的製品やサービスを採用すると，その使用価値を評価し結果を仲間内に伝えることから，彼らが採用するとイノベーションに伴う不確実性が減少する。したがって後述の前期多数採用者は，彼らからイノベーションに関する情報を得て採用に踏み切る。このことから，初期少数採用者はイノベーション普及に弾みをつけるという重要な役割を担っていると言えよう。第6章で述べるように革新的採用者から初期少数採用者に移行した時期でトップをとることが，企業にとってその後の市場支配において重要である。

③ 前期多数採用者

このカテゴリーに属する者たちの大部分は，平均的な採用者よりもほんの少しだけ早くイノベーションをとりいれる。彼らの多くが採用した時点で，当該イノベーションが普及する可能性が高まる。

④ 後期多数採用者

ロジャースの推定によれば，このカテゴリーに属する者たちは全採用者の三

分の一を占めるという。数字の妥当性はともかくとして，彼らの採用を以って
「イノベーションが本格的に普及した」と言えるだろう。彼らは基本的にはイ
ノベーションに対して懐疑的であり，進んで取り入れようとはしないが，周り
からのプレッシャーを感じて採用することが多いと言われる。

⑤　採用遅延者

　新しいことを受け容れないグループである。ロジャースは彼らの頑なさの原因を「新しいことを決断する際に，過去の経緯や先例を判断基準とするため」と説明している。彼らは僅かなリソースしか持っておらずそれを失うわけにはいかないため，不確実性が高い新製品・サービスは採用しない，とも説明されている。

　だが本章コラム3.1にもあるように，現実の世界では往々にして権力を持つ者——すなわちリソースを豊富に持つ者——の中にも採用遅延者は存在し，彼らの強い発言権によりイノベーション（コラムの例では，兵食改良という脚気の新しい治療方法）の本格的普及が妨げられるというケースもある。こうしたことはなぜ起こるのだろうか。

　理由の1つとして，彼らの豊富なリソースは過去の成功体験によって築かれたということがあるだろう。新しい製品・サービスや知識が，彼らのリソースの基盤である過去の知識と両立しない場合は，彼らの多くは採用遅延者となるかも知れない。

　もう1つの理由として，事実や出来事をどのようにとらえるかという「ものの見方」（意味解釈）の違いがイノベーションの供給側と採用側のあいだに横たわっており，そのためにコミュニケーションが断絶した結果，採用遅延派が生まれるということも考えられる。コラム3.1では，イノベーションの供給側——新しい治療法を確立した栄養障害派（麦飯論）——では何よりもまず「病に悩む人間を中心に考える」という臨床尊重のものの見方が共有されていたが，採用側——東京大学と陸軍を中心とする細菌派——は「ものごとを統一的に説明できて，結果を予測する力をもつ体系的知識」を尊ぶ理論優先のもの

の見方をしていた。

　このように供給側と採用側ではものの見方が異なっている状況で,「病気の原因は分からないが,兵食改良を実施すれば軍隊から脚気病を無くすことができる」という革新的知識が報告された時,それをどのように解釈するかは両者間で異なる。臨床重視の栄養障害派（麦飯論）は有効な新知識と評価したが,理論重視の細菌派は「原因が特定できない以上は,偶然治癒した可能性もある」と解釈して新しい治療法の採用を拒み,結果として頑なな採用遅延者となった。

　イノベーションを拒否する採用遅延者が現れる原因は,ロジャースの研究では彼らの持つリソースが乏しいことに求められてきた。だがコラムの例ように,豊富なリソースを持ち学識豊かな者でも遅延者になり得る。その場合には遅延者の持つリソースの基盤をおもんばかることや,彼らが事実や出来事をどのように解釈するかという意味解釈のクセを検討することが重要かもしれない。

4　イノベーション供給側の思惑と普及

　新規のイノベーションは普及することで,すなわち人々に受け容れられることで経済効果を生むため,イノベーションを実行する個人や企業（以下,アントレプレナーと呼ぶ。アントレプレナーについては第8章を参照）は普及に積極的なことが多い。スマートフォンの開発企業は,より多くの人々が新しい「製品」であるスマホを買うように多様な販促活動を繰り広げている。

　だが同時に,スマートフォンの開発に携わった企業――たとえばアップルとサムソンの両社――は,世界各地で熾烈な特許紛争を起こしている。スマートフォンに限らず,特許紛争は多くのイノベーション活動の中でしばしば起こる問題である（コラム9.2）。特許紛争は,「知識」を生み出したアントレプレナーの許諾を得ないまま,その知識を使ってモノやサービスが生産されていると疑われた場合に発生する。イノベーションの供給側であるアントレプレナーは,多くの場合新知識が外部へ無制限に普及していくことを阻止しようとする。

しかし時としてアントレプレナーは気前よく「知識」を外部へ普及させようとすることもある。オープン・イノベーション戦略（第9章）や標準レース（第10章）のときには，多くの外部者が知識普及による果実を享受する。

このようにイノベーション供給側は，彼らがかかわったイノベーションの価値を最大化するために，「知識」の普及を戦略的にコントロールしようとする反面，その知識を使ってつくる「製品やサービス」は広く普及させようとする。イノベーション供給側のこうした複雑な行動を理解するためには，イノベーション活動が2種類の財を生み出すということを認識しなくてはならない。公共財的性格を持つ財（新しい知識＝知的創造物）と，私的財的特徴を持つ財（知的創造物を使ってつくられる新しい製品やサービス）である。アントレプレナーは，製品やサービスは積極的に普及させようとするが，知的創造物の普及についてはさまざまな思惑のもと多様な行動をとる。詳しくは第9章および第10章で説明されるため，ここでは簡単な紹介にとどめる。

(1) 知的財産権と知的創造物の普及

イノベーション活動の成果は，「知的創造物」と，それを使ってつくる「新しい製品・サービス」の2種類の財に分けることができるが，そのうち知的創造物は公共財的性格を持つ。

第2章で詳しく述べたが，公共財とは非排除性と非競合性という2つの特徴を持つ財のことである。スマートフォンという「製品そのもの」は公共財ではないが，スマートフォンという魅力的な財を成立せしめている多様な「知的創造物（科学的知識，技術的ノウハウ，意匠などの装飾上の工夫）」は公共財的性格を持つ。

知的創造物は知的財産権制度によって保護されることもあり，その場合は創造者——アントレプレナー——は一定期間，そこからの利益を独占することができる。知的財産権を活用した利益確保の方法は4つある。第一の方法は，知的財産権の利用を他者に許さず，自分だけが利用して製品やサービスをつくって販売し，そこからの利益を獲得することである。この方法が採られた場合，

イノベーション活動によって生まれた「新製品・サービス」は普及するが，知的創造物を外部の者が利用することはできないため，「知識」は一定期間内（たとえば特許ならば20年間）はあまり普及しない。ただし，知識内容そのものは公開されているため，所定の期間が過ぎると知識は急速に普及していく。

　第二の方法は，知的財産権の利用を他者にも許し，ライセンス料等を受け取って利益を上げる方法である。多くの場合，第一の方法（自分だけが知的創造物を利用すること）よりも高い利益が期待できる（一橋大学イノベーション研究センター 2001）。実施権の設定，クロスライセンス，パテントプールなど，この方法はさまざまな形で実施されている。この方法が採られた場合，イノベーションによって生まれた知識創造物はその利用が許された「メンバー内」では広く普及する。

　第三の方法は――第二の方法と重なる部分もあるが――標準化活動に参加することで市場拡大をめざし，そこから利益を獲得しようとする方法である。詳しくは第10章で説明される。この場合，知的創造物は広く普及する。

　第四の方法は，知的財産権を自分では利用せず，他者にも利用させないという方法である。この方法では誰も金銭的な意味では得をしないが，つぎの2つの理由から競争戦略の手段となっている。理由の1つには，ライバルのイノベーションを阻止したり，自社製品に類似したものの登場を防いだりすることができることである。こうした意図で取得される特許のことを防衛特許と呼ぶ。もう1つの理由は，現在は価値を持たない特許でも将来に価値を持つ可能性があるからである。今後の需要の拡大や補完的な技術が現れることで将来の価値が高まりそうな場合，こうした方法も有効である。第四の方法が採られた場合は，知的創造物の普及は著しく阻害されるだろう。だが，第一の場合と同様に，知的財産権制度が定めた期間が過ぎると急速に普及する。

(2) 知的創造物の秘匿と普及

　アントレプレナーは時として，知的財産権を獲得せず，知的創造物の内容を公開しないことがある。「秘匿(ひとく)」と呼ばれる行為である。アントレプレナーが

こうした選択を行うのにはさまざまな理由があるが，知的財産権という制度が持つ特徴も大きな原因である。同制度，とくに特許制度はアントレプレナーに対して知識成果物の利用に関する独占排他的権利を与える代わりにその内容を広く公表すること（情報開示）も求めている。したがって，情報開示による費用が独占排他的権利による便益を上回ると予測される場合，アントレプレナーは特許を取得しない。むしろ「秘匿」を選択し，外部へは何も知らせず，知識の普及を阻止しようとする。

　「秘匿」が選択された場合は，イノベーション活動によって生まれた知識の普及は著しく停滞する。だがこれの効果は万能ではなく，従業員の転職や取引などを通じて知識やノウハウは徐々にではあるが普及していくと言われている。

　本節では，まずイノベーションの普及はＳ字カーブをたどることと，普及パターンはイノベーションごとに異なることを述べた。普及パターンは，「イノベーションの性質」，「イノベーション採用側の性質」，「イノベーション供給側の思惑」が相互に影響しあう中で決まっていく。

　「イノベーションの性質」を特徴づけるのは「便益」と「ネットワーク外部性」である。ユーザーが便益が高いと評価するイノベーションは，「相対的優位性」が高く，「補完財」が充実し，「観察可能性」が担保されており，「既存システムとの親和性」を持っており，普及する可能性が高い。また，「ネットワーク外部性」によっても便益が増すため，こうした特性を持つイノベーションは普及が加速する。

　「イノベーション採用側の性質」も普及に影響する。ロジャースはイノベーションの受容態度に即して人々を5つのカテゴリーに分類し，「初期少数採用者」の態度がイノベーション普及のカギであることに言及した。

　イノベーションの成果には知的創造物も含まれるが，これは公共財的性格を持ち，その一部は知的財産権で守られている。「イノベーション供給側」は知的財産権制度を活用しながら，さまざまな方法でイノベーション活動から生じる利益を確保しようとする。採用される方法によって普及のスピードは影響を

受けるが，普及そのものを完全に阻止することはできない。

❖注
1　臨界値。この点を超えると普及スピードが急増して，普及が拡大する。
2　この釣鐘曲線は理念型であり，実際にこうしたカーブを描くのかはケース・バイ・ケースであると言われている。
3　過去に支出された費用のうち，事業を中止した際に回収できない費用のこと。

❖ディスカッション問題
1．スマートフォンに関して，自分は採用者のどのタイプであるかを説明しなさい。
2．図表3.1を参考にしながら，「スマートフォン」，「食品包装用ラップ」，「(コラム3.1の) 麦飯を加えた兵食」の普及カーブを描きなさい。それぞれのカーブの形状の特徴を述べ，なぜ形状にそのような違いが生じるのかを説明しなさい。
3．乳がんにかかる日本人女性は年々増加しており，早期発見すると大多数が助かると言われているにもかからわず，検診（マンモグラフィー検診）受診率は日本では著しく低い。日本人女性の間でマンモグラフィー検診を普及させるためにはどうすればよいかを議論しなさい。

❖参考文献
Schilling, M. (2013) *Strategic Management of Technological Innovation* (4th ed.), NY: McGraw-Hill.
クリステンセン，C. M.（玉田俊平太監修，伊豆原弓訳）(2001)『イノベーションのジレンマ』翔泳社。
ティッド，J.，パビット，K.，ベサント，J.［後藤晃・鈴木潤監訳］(2004)『イノベーションの経営学—技術・市場・組織の統合的マネジメント』NTT出版。
一橋大学イノベーション研究センター (2001)『イノベーション・マネジメント入門』日本経済新聞出版社。
ロジャース，E. M.（三藤利雄訳）(2007)『イノベーションの普及』翔泳社。

第4章
イノベーションを担う人材

1 職業能力の専門化

　スミス（Adam Smith）が指摘したとおり，生産工程の分業によって生産性が改善される。1台の馬車（現代の自動車）をその車体から車輪，装飾などにいたるまですべて同じ職人が1人で製造するよりも，複数の職人によって車体，車輪，装飾などの作業にそれぞれが専門的に取り組んで1台の馬車を生産したほうが時間当たりの馬車の生産台数を増やすことができる。この専門的に取り組むというやり方を分業という。ここで大切なことは，馬車職人と呼ばれた人々が馬車の車体職人，車輪職人，装飾職人などに分かれ，それぞれの職業上・職務上で要求される能力・力量（コンピテンス：competence）がより狭い範囲のコンピテンスへと特化・専門化したという事実である。

　イノベーションを担う人材に要求されるコンピテンスについても，経済活動のグローバリゼーション（globalization），情報通信技術（Information and Communication Technology：ICT）の高度化・大衆化などの進展によって国際的なレベルでコンピテンスの専門化が急速に進展しつつある。

2 イノベーションに係る人材

(1) イノベーションに係る研究者とは

　欧州連合（European Union, EU）は2005年，「社会憲章の一部」として「欧州における研究者憲章及び研究者採用ガイドライン（原文仏語）」を制定した。

> **コラム4.1** EU研究者憲章および研究者採用ガイドラインに関する勧告（2005年）

EU研究者憲章（冒頭書き出し部分）

　EU研究者憲章は，一般的原則と基本的条件との総体であり，研究者と雇用主，およびまたは研究資金提供者の役割，責任，特権を明示するものである。この憲章は，研究者と雇用主あるいは資金提供者との関係が，技術開発と知識の生産，移譲，共有を促進し，研究者の経歴発展を促進するようなものになることを保障するためのものである。また同様に，この憲章は，研究者の職業的発展を改善する手段として，あらゆる形態の転職容易性の価値を認識するものである。この展望において，この憲章は，研究者，雇用主，研究資金提供者に対する枠組みを構築し，それぞれの仕事場におけるプロとして，責任ある態度で行動すること，そして，双方それぞれ尊重しあう事を求めている。

EU委員会勧告（研究者キャリアプランニング提示の重要性部分）

(4)　鍵となるいくつかのセクターにおける研究者不足のリスクは，EUのイノベーション能力，知識資本および短期における生産性増加を左右しかねない（中略）結局，研究開発活動において，研究者にとってもっと魅力的でもっと恒久的なキャリア（経歴）を獲得できるよう，必要条件を整えていきながら，女性研究者の参加を推進し，研究者にとってもっと魅力的な欧州を構築しなければならない。（中略）

(7)　もっと恵まれた見通しの良い経歴展望（キャリアプランニング）が実現できれば，研究者という職業に対して社会がもっと積極的な態度をとるように誘導でき，若者に対して研究活動に参加させることがもっと容易になる。

(8)　この勧告の最終的な政策目標は，研究者にとって，魅力的，開放的および恒久的な欧州労働市場の発展である。（中略）枠組み条件を整えることによって，生産性と研究の効率性をより向上させることが可能となる環境において，大きな価値を有する研究者を雇用し，その雇用を維持し続けることが可能となる。

（フランス語原文からの著者による全訳）

この憲章における「研究者（chercheurs）」という単語は，「知識，生産，プロセス，（研究）方法，新システムを創造レベルまたは概念レベルで扱う専門家とそれらに関連するプロジェクト管理の専門家である。」と定義されている[1]。

すなわち，研究者とは，「研究の専門家」であり，契約に基づいて職業上の業務として研究を遂行するプロである。プロは自らの専門的職能を活かして何らかの成果を契約相手方に還元・提供することを約束する人々である。ピアニスト，通訳・翻訳者，医師，法律家などと同様に「研究を遂行するという明確な専門的職能」を「契約」に基づいて提供する人々がプロの研究者なのだ。

他方，研究が趣味という人々もあまたいる。キーン（Andrew Keen）が使った「新たなアマチュアの血筋（a new breed of amateurs）」という言葉は，フリッシ（Patrice Flichy）のいう「アマチュアとは，プロでもなく，単なる流行の追従者としてのファンでもなく，似非学者でもなければ専門家の追従者でもない人々すべてを代表している」との定義と通底する。「専門家であっても契約にしばられない自由人」が19世紀末の科学の大衆化に伴って無線通信，天文，自動車，航空機，ロボット，宇宙航空などの分野にあいついで登場した。彼らは1970年代にサブカルチャーを生み出し，プロに追従する立場から，プロができないことをやってのけてしまう存在として社会に受け入れられてきた。こうしたアマチュアの血筋が20世紀イノベーション文化を形成したのだ。

旧文化の破壊者，新時代を創造するこうしたアマチュアたちの存在がイノベーションにこれからどうかかわっていくのか？　彼らは趣味人であり，どんなに高度な活動も他人の求めに応じてなされるわけではない。無線通信を実用化したマルコニー（Guglielmo Marconi），蓄音機を発明したエジソン，電話機を発明したベル（Graham Bell），飛行機を実用化したライト兄弟（Wilbur and Orville Wright）など，すべてEU研究者憲章に定義される「研究者」から外れていて，「アマチュア」に仕分けられる。他人から乞われて発明をしたわけではないから。

図表4.1に示すとおり，一般教育を受け，常識を有する市民層と専門的な教育・訓練を受けた技術者・技能者層が一体となって幅広く多様な知識を職業層に蓄積しており，その周辺のアマチュア層が知識還流を受け持っている。中軸部分（コマの軸部）には科学研究に従事する研究者層が存在している。

　正規の教育課程を経て学位まで取得した後に生活上の必要から他の職業分野に転じる人々は少なくなく，彼らは「高貴なアマチュア」として私的な研究生活を継続する人々となる。

　また，エジソン，マルコニー，ライト兄弟などのように専門知識への関心と目の前にある材料の観察などに基づいて「器用に」問題解決を行い，イノベーションに至るまで不断の努力を惜しまなかった人々がプロを超越した新発明を行い，社会全体の厚生に大きく貢献した。こうしたいわゆる「器用仕事」から発明に至るアマチュア層の存在もまたイノベーションと深くかかわっている。

図表4.1 ■イノベーションに係る人材分布と知識の生産と拡散

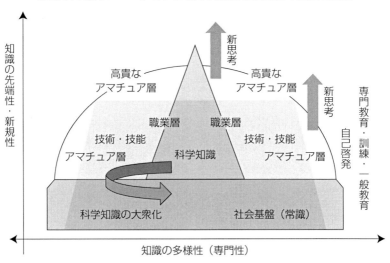

出所：著者作成。

コラム4.2　器用仕事と科学

　レヴィストロース（Claude Lévi-Strauss）はその著書『La pensée sauvage（野生の思考）』（大橋保夫訳，1976年初版）の中で，身の周りに存在する多様な自然の事物を利活用して生活上必要な事物を自ら器用に供給する人々のやり方（器用仕事（bricolage））は人類の太古から存在する「粗野な原初科学」であると指摘した。それに対して，「あらゆる出来事の外にそれとは無関係なもののように振る舞う」人々の存在によってはじめて抽象的思考による普遍的な「新知識（理論）」の提起が行われるとし，このような一連の思考と実験・観察の繰り返し作業を「科学（science）」と呼んだ。器用仕事をこなす技巧者（bricoleurs）と普遍的な論理思考に携わる科学者（Scientifiques）の明確な区別がここから始まった。論文を読み，分析し，研究目標を定め，実験結果を眺めて論文を書く科学者と，実験目的を達成するため実験装置を操作し，客観的方法によってデータを収集分析する技巧者という職業集団の社会的分業関係の発生である。前者を仏語で研究者（chercheurs）および技術者（ingénieurs）と呼び，後者を仏語でテクニシアン（techniciens）と日常的に呼んでいる。

　ヨーロッパ型の研究空間では両者間の分業体制が明確に意識され，定着している。研究者，技術者と呼ばれる人々は，大学院で国家博士号を取得したか，大学校で技術者の国家称号を取得した人々であり，彼らが論文を読み，研究計画を企画し，実験結果に署名する。しかし，フランスでは彼らは実際の実験にはタッチしない。実験操作は技巧者の仕事だから。データの精度と信頼性はまさに技巧者の「経験と腕」にかかっている。

　戦前の帝国大学においても同様の分業体制が欧州からの直輸入で受け継がれていた。戦後の高度経済成長とは裏腹に，日本における専門的な技巧者の数は激減し，大学の教育研究現場からほとんど姿を消してしまった。電子顕微鏡の操作もX線回折装置の操作もすべて素人の学生，若手研究者などが自ら行う。社会的分業の退化（dégénérescence）である。フランスにおいては現在でも研究者と技術者が常に技巧者の支援を受けながら「科学研究者」として研究業務に従事し続けている。この彼我の差はますます拡大しつつある。

(2) 研究者が属する産業アクティビティ部門

メゾ経済学（Méso-Economie：産業連関分析）における産業アクティビティ概念の定義は「原材料および付加価値の投入構造によって定まる一定の技術構造が存在する」との強い仮定から出発する。この定義によって，たとえば，研究サービスを生産する産業アクティビティの投入構造は短期的には特定事業所内の生産関数などに係らない，不変の線形投入構造として記述可能となる。

研究者がどのような産業アクティビティ部門に何人雇用されているのかが，政府によって5年に1度作成公表される産業連関表に付帯する「雇用マトリクス表」によって明らかにされている。そこで，イノベーションに深く係る職業として，「科学研究者」に注目し，産業別雇用者数（構成比）を見てみよう。

雇用マトリクスの（職業×列部門）に掲げられている科学者欄を見ると，①研究サービス部門，②教育サービス部門および③その他の対事業所サービス部門の3産業部門にそれぞれの雇用者数が記載されていることがわかる。**図表4.2**にその1990～2005年までの雇用者数および構成比（％）を示した。

科学研究者の属する産業部門は1990年にはそのほとんどが研究サービス産業だったが，2005年には教育サービス産業とその他対事業所サービス産業に属する科学研究者の数がそれぞれ1万3,697名，1万1,773名と1990年の4,540名，306名から大幅に増加した。産業間の構成比で見るとそれぞれ3.5％，0.2％から8.5％，7.3％と増加している。その他対事業所サービス産業部門に属する科学

図表4.2 ■科学研究者の属する産業部門

（単位：人，1990-2005年）

	1990	構成比(%)	1995	構成比(%)	2000	構成比(%)	2005	構成比(%)
教育	4,540	3.5	8,736	4.6	15,225	8.9	13,697	8.5
研究	125,252	96.3	181,942	94.9	151,015	88.5	134,986	84.1
その他の対事業所サービス	306	0.2	960	0.5	4,347	2.5	11,773	7.3
産業部門合計	130,098	100	191,638	100	170,587	100	160,456	100

出所：平成2-7-12年および平成7-12-17年接続産業連関表計数編(2)から筆者作成。

研究者数の増加速度は研究活動の産業化が進展していることと，研究活動の工程内分業化（アウトソーシング）の進展に呼応しているとみられる。

(3) 研究サービス産業部門の職業別雇用者数と構成比

もっとも多くの科学研究者が雇用されている研究サービス産業部門においてイノベーションに必要な研究サービス（アクティビティ）が提供されている。

図表4.3に示すとおり，研究サービス産業部門においては，職業別従事者構成比（職業別投入係数）は，1990年から2005年までの15年間の累積雇用者数から，科学研究者20％，技術者27％，一般事務従事者11％，生産工程・労務作業者34％，その他8％と計算された。すなわち，1単位の研究サービスの生産のためには，おおよそで生産工程・労務作業員34名，技術者27名，科学研究者20名，一般事務従事者11名およびその他8名を比例配分的に追加採用しなければならない。科学研究者の数だけを単純に増やしても研究サービス生産額は増えないのである。

同期間に，技術者，一般事務従事者およびその他のそれぞれの雇用者投入比率（構成比）が減少し，生産工程・労務作業者および科学研究者の構成比が増加するといった変化が観察された。この点をより詳細に見ると，科学研究者数が13万人から1995年の18万人のピークを経て2000年，2005年には15万人，14万

図表4.3 研究サービス産業における職業別雇用者数推移

(単位：万人，1990～2005年)

	1990	構成比(%)	1995	構成比(%)	2000	構成比(%)	2005	構成比(%)	平均構成比(%)
科学研究者	12.5	17.4	18.2	22.9	15.1	19.2	13.5	19.2	20
技術者	19.4	27.0	20.9	26.3	29.8	37.8	10.4	14.8	27
一般事務従事者	10.0	13.9	10.0	12.5	4.2	5.4	9.4	13.4	11
生産工程・労務作業者	21.7	30.2	23.0	29.0	24.7	31.4	33.5	47.7	34
その他	8.3	11.5	7.3	9.2	5.0	6.3	3.4	4.8	8
合計	7.1	100	79.4	100	78.7	100	70.2	100	100

出所：平成2-7-12年および平成7-12-17年接続産業連関表計数編(2)から筆者作成。

人と漸減し，生産工程・労務作業者数が22万人から34万人と増加し，構成比でみると，それぞれ1.8％，17.5％増大したことがわかる。一方，技術者数は1990年の19万人から2000年の30万人のピークを経て，2005年には10万人に激減しており，同時間に一般事務従事者数は10万人から9万人，その他が8万人から3万人とそれぞれ減少していることが指摘できる。

なお，同じ期間における研究サービス産業部門の2000年実質価格表記の国内生産額は10.1兆円（1990），11.0兆円（1995），12.6兆円（2000）および13.2兆円（2005年：名目価格表記）となっており，実質価格表記の付加価値額では6.1兆円，7.3兆円，8.1兆円および7.4兆円となっている。このとき，雇用者投入総数は71.8万人，79.4万人，78.7万人および70.2万人だったので，1人当たりの研究サービス国内生産額は1,410万円／人，1,390万円／人，1,600万円／人および1,880万円／人，1人当たりの付加価値生産額で比較すると，850万円／人，920万円／人，1,030万円／人および1,050万円／人となった。したがって，研究サービス産業部門における労働生産性は，1990～2005年の期間に改善されたと言える。

(4) 教育サービス産業部門の職業別雇用者数と構成比

多くの大学教員を擁している教育サービス産業部門について，産業連関表の付帯表に含まれる雇用マトリクス表から職業別雇用者数の推移を観察してみると，1990-1995-2000-2005年の期間において，**図表4.4**に示すとおり，科学研究者数が4,540人から1万3,697人，技術者数が947人から1,141人および一般事務従事者数が30万人から41万人と，構成比でそれぞれ0.4％，0.1％および3.8％増大したのに対して，生産工程・労務作業者数が8.1万人から8.7万人およびその他（小学校から高等学校までの教員，管理的事務職員など）の雇用数が150万人から151万人とわずかに増加または横ばいとなり，その構成比を見ると，それぞれ△0.1％および△5.9％と減少したことがわかる。

この期間における教育サービス産業部門の2000年実質価格表記の国内生産額は21.4兆円，23.7兆円，23.7兆円および23.1兆円（2005年：名目価格表記）となっており，付加価値額では18.9兆円，20.4兆円，20.5兆円および19.7兆円と

図表4.4 ■ 教育サービス産業部門における職業別雇用者数推移

(単位:万人,1990〜2005年)

	1990	構成比(%)	1995	構成比(%)	2000	構成比(%)	2005	構成比(%)	平均構成比(%)
科学研究者	0.5	0.2	0.9	0.4	1.5	0.7	1.4	0.6	0
技術者	0.1	0.0	0.2	0.1	0.2	0.1	0.1	0.1	0
教員(うち大学教員のみ)	14.5	7.1	16.5	6.8	18.0	8.5	19.7	8.9	8
一般事務従事者	30.2	14.8	53.1	21.8	32.2	15.1	41.2	18.6	18
生産工程・労務作業者	8.1	4.0	13.9	5.7	7.9	3.7	8.7	3.9	4
その他(小中高教員など)	150.1	73.8	159.2	65.3	152.6	71.9	150.6	67.9	70
合計	203.9	100	243.9	100	212.4	100	221.7	100	100

出所:平成2-7-12年および平成7-12-17年接続産業連関表計数編(2)から筆者作成。

なっている。雇用者数の投入が204万人,244万人,212万人および222万人だったから,1人当たりの教育サービス国内生産額は1050万円/人,970万円/人,1,120万円/人および1,040万円/人となり,さらに,1人当たりの付加価値生産額は,それぞれ930万円/人,840万円/人,970万円/人および890万円/人となることがわかる。

以上の分析結果から,1990年から2005年の15年間に,科学研究者および大学教員の雇用構成比がわずかに増加し,小学校から高等学校までの教員,管理的事務職員などを含むその他職業の構成比がやや減少または横ばいとなっていることから,教育サービス全体の高等教育へのシフトが多少なりともあったことがわかる。しかし,生産性で見るとほとんど改善されておらず,中長期的な産業政策の欠如が懸念される。

3 研究者の育成(明治期以降の高等教育制度)

(1) 学制(教育制度)の制定

1866年(慶應2年)には,私的な留学が幕府によって解禁された。このとき

松平春獄のアドバイザーとして活躍していた横井小楠の甥2名が米国ニューヨークに渡っている。彼らは留学目的として「ヨーロッパ列強による日本の植民地化を防止するため，航海術を学ぶこと，大船建造法を学ぶこと，さらに大砲製造法を修めること。」と述べたという[2]。彼らは道半ばで病に倒れ帰国せざるを得なかったが，彼らに続く留学生たちがこうした「実学としての技術伝習」指向だったことは疑う余地もない。彼らは，現地学生寮での生活，講義への出席，現地学生との交流などを経て欧米文化に直接触れた。しかし，彼らは実学を持ち帰ることを優先し，彼の地の学問を育てた社会については一人の「アマチュア」の知見として帰国後に政府ではなく大衆に向けて語ることをました。対照的に，当時のおおかたの青年は国内にとどまり，藩校，蘭学塾などで勉学に励んでおり，彼らの欧米理解は福沢諭吉の「西洋事情」など，先覚的人々が記した文物による知識理解と外国人教員などによる技術伝習にとどまっていた。

1871年（明治4年）に文部省が設置され，1872年「学制」が公布された。東京大学（1887年）の前身となった開成学校が語学学校から自然科学・工学を含む総合高等教育機関として1873年に開学した。日本の近代的な教育制度がここからスタートした。これにやや先行して工部省の工部寮が同年に工部大学校となっている。授業は英語で行われ，フランス語，ドイツ語も教授された。

その後の高等教育制度は，プロシアと米国を手本にして再構築された。プロシアと米国は19世紀の科学アカデミー設立時期を見れば，ともに英，仏を追いかける途上国だった。1879年（明治12年），学制制定の7年後にようやく日本のアカデミーとなる東京学士院会が発足したが，すでに米国に遅れること99年だった。幕末の若者たちの実学志向に対応して，明治初期には工部，文部，陸海軍，大蔵省，開拓使などの役所が実学の高等専門学校を設置した。科学研究，学術探求はやや遅れてトップダウンとして始まった。

(2) 明治初年の科学研究者の育成

明治期の人材育成は3面から行われた。①外国人教員の招聘，②留学生の

派遣および③書籍(原典)購入とその和訳だった。自ら問題を発見し,自学した学術知識を駆使してその解決策をさぐるといったメタ科学的研究方法の導入は重要視されていなかったようである。明治10年代に土佐の植木枝盛が自学自習によって社会問題を発見し,西洋の学術知識を活かして自由民権運動,女性解放運動などの理論的支柱となったが,この事例はトップダウンではなく,民生から湧き出るアマチュア型イノベーションの1つだったといえよう。

明治政府のお雇い外人として東京大学医学部で1876年(明治9年)以降,25年間にわたって教鞭をとったプロシア出身のベルツ教授(**コラム2.1参照**)は,「日本人は目の前にある科学の果実だけを受け取ろうとし,有機体(樹木)としての科学を正しく育てることには興味を示さなかった。」と述べた。まさに,当時の日本が,和魂洋才という言葉に表されているとおり,科学の果実である実学には興味を示したが,その科学を育ててきた「一定の気候と大気の存在(ベルツ)」である形而上学を学ぼうとはしなかったことを見抜いた至言であろう[3]。科学を育んできた欧米社会の土壌,大気を日本に持ち込むことはその後も困難を極めた。

1886年(明治19年),帝国大学令が発布された。帝国大学は「学術技芸を教授」するだけでなく,「蘊奥を攻究」することが使命とされ,学術研究に取り組むこととなった。明治30年の京都帝国大学の開学によって明治政府が当初目論んだ東西2つの高等教育拠点の構築という政策目標は達成された。このころから志田林三郎,寺田寅彦,本田光太郎など,日本人教授による自然科学分野の学術研究が盛んとなり,工部大学校ではすでに1883年(明治16年)にお雇い外人教授数を上回っていた。実学教育の内生化は学術研究より早かった。彼らは多くの講演,著述などを介して一般市民への科学的思考の普及に努めた。しかし,学術研究に対する世間一般の理解は乏しく,国内の内生的学術研究を推進するために必要な国立研究機関などの設置は始まったばかりだった。

(3) 内生的科学研究の萌芽

1890年代になると,東京大学または工部大学校で学び,博士学位を取得する

人々が現れるようになり，1891年（明治24年）にはその数31名に達したと報告されている。しかし，博士学位取得者は留学経験者だけに限られており，国内には，科学の内生的萌芽に必要な研究基盤はまだ整っていなかった。

その1つの転機となったのが第一次大戦中の1918年（大正7年）に設けられた日本学術振興会だったといわれている。しかし，学術研究に対する世間一般の理解は乏しく，体制はできたがその内容は伴っていなかった。科学振興制度が名実ともに充実されるのは，1931年（昭和6年）の満州事変とその後の日華事変などを経て日本に対する「科学封鎖の傾向（文部科学省『学制百年史』）」が高まった時期と一致するとされている。この時期には列強のブロック経済化が進み，貿易は制限され，海外の学術雑誌の購入にも支障をきたすようになった。そうした国際環境において，科学封鎖に対する対抗措置として国内研究体制の強化がなされることとなった。このように，日本の内生的研究体制の構築は，不幸にも，戦時体制の強化と同時期に進められることとなったのである。

1960年代の終わりごろ，ある大学研究室の一角に明治34年製溶解炉，昭和19年製海軍工廠弾動検流計などが置かれていた。国産品だったがその原型は日本企業の発明ではなかった。こうした実験研究器材を学生は「器用に」使いこなしていた。大学における学術研究であっても，その実態は旧い実験器材を使った実験方法の工夫と器材の改良という器用仕事に留まり，科学的体系化はまだなお進んでいなかった（コラム4.2参照）。

(4) 高等教育における自然科学系科学研究者の育成

日本の科学研究体制の国際的な孤立は敗戦によって終了し，戦時体制下での国内科学研究強化策が，結果的には欧米との科学研究レベルの格差をかえって拡大させただけの結果に終わった。

当時の日本の学術研究基盤は全体的に独自の内生的研究を発展させるには不十分だった。たとえば，航空機用エンジンなどの最先端技術分野についてはアメリカの一世代前のエンジン技術に1940年（昭和15年）ごろにようやく追いつくことができたという水準で，レーダー連動高射砲（ウルツブルグレーダー）

の開発についても，ドイツから設計図とドイツ人技師が到着し，日本の技術者と技能者とともに複製品（レプリカ）の開発にあたったが，当時の日本にはミクロンオーダーの金属精密加工技術基盤が存在せず，挫折している。

　自然科学研究は，実験系またはフィールドワーク系の研究分野が多く，経常的な研究資金と大型研究インフラ（天文台，気象台，観測船，大型粒子加速器など）への多額の投資支出が必要とされる。これだけの予算規模を有する教育機関が国内に準備されて初めて自然科学系の内生的研究者育成が可能となる。しかし，現実にはそうした研究環境を準備し，多数の若者を博士後期課程まで育て上げることができる国は国際的にもそう多くはない。

　この点について，最新のOECD科学技術局が公表している科学技術インディケータ（STI）を利用して各国比較をしておこう。

　STIの*Education at a Glance 2013*に掲載された2011年数値に基づき，**図表4.5**に博士学位取得者数の高等教育同世代人口（同学年学生数）に占める割合を取りまとめて示した。日本の数値は1.1％で，OECD平均の1.6％より低位

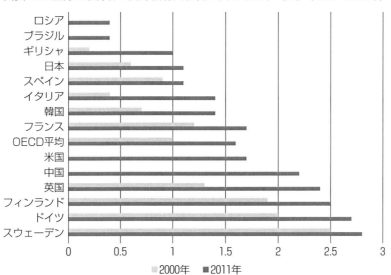

図表4.5■博士取得者の高等教育同世代に占める比率（％）（2000-2010年）

出所：OECD科学技術指標（STI）*Education at a Glance 2013*から筆者作成。

にある。学術研究者は自然科学分野だけに必要なわけではない。人文学，社会科学においても多数の博士学位取得者がグローバリゼーションと情報化が同時に進行する社会では必要となる。残念ながら，日本は博士学位取得者の割合においてOECD平均に及ばないだけでなく，2000年から2011年までの11年間の伸び率においても劣位となっている。

2011年に博士学位取得者の割合が上位にあるのはスウェーデン（2.8%），ドイツ（2.7%），フィンランド（2.5%），英国（2.4%），中国（2.2%）などである。いずれの国も日本の数値の2倍以上の博士学位取得割合となっている。また，2000年から2011年の11年間で博士学位取得者比率が著しく向上した国はギリシャ，イタリア，韓国，英国などとなっている。

この間に日本政府も手をこまねいていたわけではない。1995年にあらためて科学技術立国を確認した日本は，自然科学・技術分野の博士後期課程院生の収容定員増を行い，結果的に，**図表4.6**に示すとおり，2000年ごろまで医学，工学，理学および農学において院生数が急増した。しかし，2005年以降になると，博士後期課程院生数は頭打ちになり，2013年現在で見ると，医学で横ばい，工学，理学および農学ではやや減少傾向となっている。

図表4.6■自然科学系専門別大学院博士後期課程在学院生数の推移（日本）

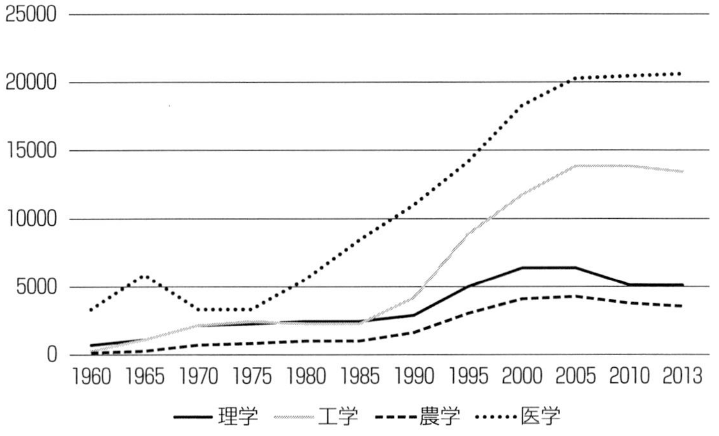

出所：総務省就業構造調査から著者作成（単位：人）。

こうした背景には若手研究者の処遇問題がある。すなわち,「研究者」の社会的位置づけ,特に,企業における使用者,研究費提供者などとの関係について社会的合意が形成されていない点を指摘できる。この点については,EUが2005年に「研究者憲章と研究者ガイドライン」を作成し,若手研究者へのキャリアパスの提示を使用者に強く働きかけるといった動きがあることを知っておくべきであろう。

4 これからの研究者育成とイノベーション

アロー(Kenneth Arrow),ローマー(Paul Romer),ジョーンズ(Charles Jones)などは「やり遂げることによる学習(learning by doing)」による人的資本蓄積の増大と企業の研究開発投資増大による内生的な技術変化が主として企業内から生じると主張した。20世紀後半には研究活動は高度に組織化され,19世紀の献身的なアマチュア研究者が活躍できた時代は終わったと一般に理解されている。

しかし,はたしてそうであろうか?

企業内に蓄積された人的資本は定年退職,リストラ,ジョブホッピングなどで企業外に流出し,企業内の職務発明によってもたらされた研究開発成果の一部は情報の非競合性のために企業外部に流出する。

漏洩,流出した研究成果の一部は,企業外のより多くの人々の専門的な知識蓄積を豊かにし,さらに,その一部は取引先の知恵,人的資本蓄積などとして企業外部から企業内部へ逆流し,企業内の人的資本または研究開発投資活動に組み込まれていく。こうした研究成果のポジティブフィードバックが社会に生じるためには,「専門的知識の流出(spill-over)」が企業外のどのような人々によって受け止められるかが問題となる。これについては,ロジャースが1962年に『イノベーションの拡散(Diffusion of Innovation)』で分析している。俗にいう「おたく」,「アマチュア」,「ギーク」などと呼ばれる市場の立ち上がりに先行する人々とイノベーションとの接点がここにある。

(1) Pro-Amまたは自ら実践するアマチュアの台頭

　リードビーター（Charles Leadbeater）とミラー（Paul Miller）らはPro-Amという新しい概念を提示し，現代社会においてはプロとアマの中間層として，熟練アマ（Skilled amateurs），献身型アマ（Serious committed amateurs）及びセミプロ（Quasi-professionals）という3層が存在し，アマがプロよりより創造的な仕事をすることがあると指摘した。

　フランスの社会学者フリッシは，アマチュアを自ら実践するタイプと愛でるタイプに分け，前者の自ら実践するタイプは，「個人意識に目覚めた現代的な個人主義者」であり，「知識と技能能力（やり遂げる能力）を獲得し，それを拡散することができる人々」であるとし，さらに，アマチュアはボランティアに近い①芸術，②公益，③知識の3分野で数多く観察され，科学研究については，理論の構築に資するというよりも，コンテキストが明確で，より限定的な分野での貢献となることが多いと指摘した。

(2) 街角からのイノベーション人材が将来を拓く

　成熟した民主主義社会においては，経済主体としての企業によるイノベーションだけでなく，これまで中・高校でクラブ活動として行われてきた青少年の専門的知識・技能の習得活動が街中に漏出し，より大衆化した市民団体活動として機能し始めている。たとえば，サッカー，少年野球，卓球などのスポーツ分野においても，バレエ，ピアノなどの芸術分野においても，まず街角にファンクラブができ，さらにそれらのファンクラブが実践型アマチュアの活動を直接支える方向へと発展することによって世界的レベルの市民団体へと成長する。サッカーのドイツ・ブンデスリーグ，Jリーグなどは市民参加型団体経営の成功事例であろう。スポーツ，芸術分野で実現が可能なこうした市民参加型ビジネスモデルをフリッシの指摘した「知識」，すなわち，科学知識の獲得・発展の分野に応用することもすでに米国，フランスなどにおいては高校生科学コンテスト，地域科学活動支援市民クラブの活動などとして存在している。

　若者が自らの意志と意欲で研究者への途を歩み始めるためにはEU研究者憲

章と採用ガイドライン勧告に書かれているとおり，彼らのキャリアパスを明確にし，大学院生レベルの国際間移動を促進し，自ら考える機会を増大させることが有効である。

しかし，こうした高等教育制度の改変によるイノベーション人材育成策だけで十分であるかどうかは，キーンが声高に述べているとおり，「高貴な血筋としてのアマチュア」の存在をこれからの社会がどう受け止めていくかにかかっている。

19世紀末のマルコニー，エジソンのような自学自習型のイノベーティブなアマチュア企業家精神がジョブス，WEB2.0時代のザッカーバーグ（Mark Zuckerberg）に受け継がれたように，日本の若者にこれから受け継がれることになるのかどうか。明治初期，近代教育制度ができる前に，弱冠20歳台の若者，植木枝盛が自学自習によって自由民権運動の理論的支柱となったことを顧みれば，現代のWEB2.0社会における若者にはより大きなチャンス（偶然の機会）が残されているように思われる。日本社会のさらなるイノベーションが待たれるところである。

❖注

1　EU研究者採用ガイドライン：ガイドラインを構成する一般原則及び基本条件：定義『研究者とは，«spécialistes travaillant à la conception ou à la création de connaissances, de produits, de procédés, de méthodes et de systèmes nouveaux et à la gestion des projets concernés.» である。』

2　アーダス・バークス編（梅渓昇監訳）（1990）『近代化の推進者たち　留学生・お雇い外国人と明治』思文閣出版，pp.5-6。

3　エルウィン・ベルツ著，トク・ベルツ編，（菅沼竜太郎訳）（1952）『ベルツの日記』（第1部下）岩波文庫。

❖ディスカッション問題

1．イノベーション戦略としてNIH型生産技術を積極的に取り入れ，海外市場に進

出・成功した多数の日本企業が欧米諸国から「アンフェアー」と指摘されたが，どこに問題があったのかを論ぜよ。
2．イノベーションの大衆化に貢献するアマチュア層の存在を経済成長理論にどのように組み込むことが可能であるか論ぜよ。
3．明治から昭和にかけて機能してきた日本型の高等教育制度の特徴を整理し，これからのイノベーションを担う人材の育成方法について論ぜよ。

❖ 参考文献

宍戸駿太郎監修／環太平洋産業連関分析学会編（2010）『産業連関分析ハンドブック』東洋経済新報社。

ジョーンズ，C.（香西泰監訳）（1999）『経済成長理論入門―新古典派から内生的成長理論へ』日本経済新聞出版社。

バークス，A. 編（梅渓昇監訳）（1990）『近代化の推進者たち 留学生・お雇い外国人と明治』思文閣出版。

三好信浩（1989）『日本工業教育成立史の研究―近代日本の工業化と教育』風間書房。

第5章 イノベーションと産業

1 第1次産業革命

(1) 大量生産と蒸気機関

　本章ではイノベーションが具体的にどのような産業を引き起こしてきたかを学ぶ。第2章で考察したようにイノベーションはニーズ（需要）とシーズ（供給・科学技術知識）との相互作用によって生み出されることを例示したい。

　18世紀後半から19世紀前半にイギリスを嚆矢に始まった第一次産業革命は，繊維（綿）産業の生産過程の機械化による大量生産をもたらした。1733年，ケイ（John Kay）が飛び杼を考案した。縦糸に対して横糸を通した杼を通すことで布の生産性が向上した。布の生産が増加すると綿糸が不足した。1764年にハーグリーブス（James Hargreaves）がジェニー紡績機を考案した。当初は工員1人で8本，のちには80本まで紡ぐことができるようになった。ただし，動力源は人力であくまでも工具の生産性を上げる発明であった。1768年にアークライト（Richard Arkwright）が水力紡績機を考案し人力を用いない大量生産を可能にした。この段階では縦糸に使われる太い糸しか生産できなかったが，1779年のクロンプトン（Samuel Crompton）のミュール紡績機によって横糸にも縦糸にも使える糸の大量生産が可能になった。糸の大量生産が可能になると今度は織布の大量生産が求められた。1785年にカートライト（Edmund Cartwright）が力織機を考案した。しかし，商業的実用化には成功せず，こののち40年の改良によって繊維産業における綿糸から綿布までの大量生産が可能になった。これらはいずれも科学的知識が基礎になったわけではなく，試行錯

誤の成果であった。1つ発明がある財の生産を急増させ，不均衡が生まれ，そのボトルネック（行き詰まり箇所）を解消すべく新しい発明がなされた。

●ワットによる蒸気機関の改良

イギリスのコーンウォール地方は鉱山業（銅山）がさかんで，鉱山では坑内の湧き水をくみ出す揚水機関へのニーズが大きかった。セイバリー（Thomas Savery）が1699年に蒸気機関による揚水技術で特許を取得した。大量の湧水の処理には蒸気圧を高めなくてはならなかったが，ボイラーが破裂してしまい，開発をあきらめた。ニューコメン（Thomas Newcomen）は高圧型でなく大気圧を利用した実用的なものをめざした。当時は鉄材の品質が良くなかったので懸命な選択であった。1733年にニューコメンの特許が失効し多くの蒸気機関が作られるようになったが，主要ユーザーは銅山で炭鉱ではなかったので，燃費の良い（石炭を節約できる）蒸気機関が求められた。

ワット（James Watt）はニューコメン型はシリンダーが加熱と冷却を繰り返すからロスが多いと考え，凝縮器を分離することで効率を高めた。医師から製鉄業，石炭業に転身したローバック（John Roebuck）がスポンサーになってくれたが，1722年に破産してしまったので1775年にはボールトン（Matthew Boulton）がスポンサーになった。ワットは1776年に特許を取得した。1781年に遊星歯車の特許も取った。これはピストンの往復運動を回転運動に変える重要な発明であった。さらに，砲身の中ぐり工法を開発したウィルキンソン（John Wilkinson）が1774年にパートナーになり，大きなシリンダーが生産されるようになった。このようにワットはあくまでも蒸気機関を発明したのではなく改良したのだが，技術者，スポンサーとの連携があったから成功したのである。水をくみ上げるというニーズもあったが，金属加工技術の発展というシーズの貢献もあった。

蒸気機関の大規模ユーザーは都市の水道会社で給水塔に水をくみ上げるために利用された。繊維（綿）産業は水力が主で，アークライトが1777年にワット型蒸気機関を導入したが，貯水池から水をくみ上げ水車に供給するためであっ

図表5.1 ■イギリスの産業の動力源（馬力）

動力源	1760年	1800年	1830年	1870年
蒸気	5,000	35,000	165,000	2,060,000
水力	70,000	120,000	165,000	230,000
風力	10,000	15,000	20,000	10,000

出所：Craftrs, N.（2004）Steam as a General Purpose Technology: A Growth Accounting Perspective, *The Economic Journal*, Vol.114（April）: 338-351.

た。工場は水力で動いていたのでわざわざ費用のかかる蒸気機関に代替する必要はなかった。また，水力で動くように設計された機械は木製で蒸気機関による高速運転には耐えられなかった。繊維産業がさらに発展して新しい工場を河川とは離れて蒸気機関用に新設するようになるまで，蒸気動力の導入は広がらなかったのである。**図表5.1**が示すように工場の動力源として1830年でも蒸気と水力は互角であり，その後に蒸気が一気に主流になった。

(2) 産業革命はなぜイギリスで起こったのか

産業革命の発明は試行錯誤の結果であって，科学の裏付けがあったわけではない。科学のレベルはイギリスでもヨーロッパ大陸でも大差はなかった。そして，西欧全体で科学的知識は共有されるようになっていた。発見したら公表し名声を得る。公表するという私的財産権の放棄に対する名声という報酬が与えられる巧みなシステムが構築されたことで，科学知識が共有され，印刷術や百科事典の公刊がそれを後押しした。イギリスは識字率など平均的な市民の教育水準では必ずしも高くなかった。しかし，産業革命に必要だったのは一部の技術者の間の知識の共有であったが，これがイギリスではできていた。さらに，イギリスは徒弟制度が確立されていて，機械工の知識が蓄積されていった。ただ，ギルド（同業者組合）制度は弱かったので，職人による新技術導入の反対は大陸より弱かった。

イギリスで早くから特許権が確立していたことの産業革命への貢献については意見が分かれる。産業革命の多くの発明は必ずしも特許に保護されていたわけでないし，保護された発明は高価になり普及の妨げにもなっていた。カート

ライトは自分の技術を特許で守ることに巧みだったので財を成し，クロンプトンは稚拙だったので困窮したが，どちらも産業界に大きなインパクトを与えた。陶器のウェッジウッド（Josiah Wedgwood）は特許を取らなかったが，次々と現れる追随者を駆逐して成功した。さらに，ヨーロッパ大陸のスイスやオランダは特許制度そのものがなかったにもかかわらず，19世紀に入ってからはイギリスに比べてそれほど後進的にならなかった。

　イギリス制度面でのより重要な貢献は，王権が大陸よりは弱く，裁量的に私的財産権が奪われることはなかったことである。また，18世紀後半に議会は産業発展，技術導入を妨げることをしなかった。1769年，ワットとアークライトが特許を取った年だが，鉱山で使われる橋やエンジン（ポンプ）をみだりにいじることを厳しく禁止する法律が制定された。1776年にジェニー紡績機の使用制限の請願は否決された。1799年に団結法（Combination Act）が制定され，新技術に反対する労働者の団結が禁止された。1562年に制定されていた職人憲章（Statute of Artificers）が1814年に廃止された。この憲章は労使双方に雇用や賃金の規制を課していたもので，双方にとって「特権的」意味合いが強く，啓蒙主義者が批判していたのだが，この廃止で企業にとって労働者雇用での裁量権が増した。議会は産業資本家と地主の利益を代表していた。経済発展すれば地代が上がるので，産業資本家と地主とは利害が一致していた。議会で機械導入制限の陳情が拒否されたことで一部の労働者が機械打ちこわし運動に走ったのである。

　ところが，しだいに産業革命以前ののんびりした時代への回顧主義もあいまって，イギリス全体が技術進歩に批判的になった。19世紀後半になると製靴・綿織物，鉱業，造船で職人・労働者の機械導入への反対が強まった。導入に際して労働者に手当てを出すことを約束させられたために，企業にとっては新技術導入の収益率が下がってしまった。さらに，地方の政治家はガス供給者と利害関係があったので，1914年まで30年近く電気の普及を妨げた。馬をつながない車両を禁止する法律が1896年まで残ったことは自動車の普及を妨げた。さらに，インフォーマルな職場での徒弟奉公または工場勤務の中での経験（On the Job Training, OJT) に頼り，公的な科学・技術教育を重視しなかったことは19世紀になるとイギリスの足かせになる。こうしてイギリスは第2次産業革命では主役とはなれなかった。

> **コラム5.1　鉄道とイノベーション**
>
> 　蒸気機関車による鉄道は本書がカバーするイノベーションをめぐるさまざまな議論に事例を与えてくれるので，ここでまとめてみたい。**コラム1.1**で紹介したように，シュンペーターは創造的破壊をもたらす画期的なイノベーションの例として蒸気機関車鉄道をあげていた。『経済発展の理論』の英語版で，「鉄道馬車をいくらつないでも蒸気機関車にならない」と述べている。しかし，蒸気機関車は第6章で述べるモジュール化の1つである。線路の上の台車を人や馬で動かすというのは炭鉱で行われ，路面電車を馬で牽引する鉄道馬車も実用化されていた。蒸気機関車は動力を人力・馬から代替したのである。
> 　しかし，一方で鉄道はシステムの変革であった。鉄道の成功には単に蒸気機関車を動かすのでなく長い距離を線路の上で走らせることが重要である。トレヴィシック（Richard Trevithick）は「蒸気機関車の父」であるが鉄道として実用化できなったので，スティーブンソン（George Stephenson）が「鉄道の父」なのである。蒸気機関車が実用化されたのちも重くて速い機関車を支えるレールの強度が重要になり，銑鉄でなく鋼鉄レールが導入されたことが大きな意味を持つ。ボトルネックが生じるとイノベーションが起こるのである。
> 　ケーブルカーのような蒸気による集中動力も考慮されていたが，蒸気機関車となったことも新しいシステムの導入として意義が大きい。ケーブルカー方式は一部分が壊れるとシステム全体が麻痺するし，需要が増加した時の列車の増発も行いにくい。
> 　鉄道は第10章で述べる標準化にも興味深い事例を提供する。スティーブンソンは自分がなじみのある鉱山の運搬線路の幅を基に軌道を定め，この規格がイギリス，アメリカ，さらに海外でも普及する。スティーブンソンの規格はとくに経済的・技術的に最高だったわけではなく，より広い軌道の方が適していることは明らかであった。軌道の統一には線路を付け替えたり機関車

を作り直す「スィッチングコスト」がかかったが輸送量が多くなると軌道の不統一のデメリットの方が大きくなり（アメリカでは南北戦争で南北両軍ともデメリットを痛感した），最も効率的ではなくても主流になっていたスティーブンソンの規格に鉄道会社が自主的にまた政府の奨励によって転換していった。

第6章で述べるように技術の進歩は組織のイノベーションを伴うのだが，鉄道の場合，広範囲な地域で操業する鉄道を管理するため，鉄道会社はエリート幹部が戦略を策定する本社と現場の日常業務を担う支社という組織イノベーションを行った。これがその後の大企業組織の原型となりさらには20世紀に入ってからの事業部制や多国籍企業の展開に通じるものがあった。

一方，イノベーションが新たなイノベーションを生み出す。特にアメリカでは，鉄道が輸送コストを低下させたことで広範な国内市場が統一され，大量生産した製品を販売できるようになった。「規模の経済性」を本格的に活用できるようになったので大企業が現れ，工業製品価格が安くなったのである。

2　第2次産業革命

(1)　電力とモーター

19世紀後半から20世紀前半の第2次産業革命は，電力（電気機械）と化学が牽引した。その担い手はイギリスが先行するが，次第にドイツ，アメリカにシフトした。また，発明には試行錯誤的要素ももちろん残っており，発明者は必ずしも高学歴ではなかったが，科学・工学的知識がヒントを与えるようになった。19世紀前半の科学の進歩が知識として蓄積され，後半になって発明の試行錯誤プロセスの成功率を高めたのである。

電気ではデンマーク人のオーステッド（Hans Oersted）が電気と磁力の関係を発見し，1831年にはイギリスのファラディ（Michael Faraday）が発電の実演を行っている。発明王エジソンは小学校中退で母親からの教育を受けただけだが，蓄音機，電灯，映写機などを発明し，さらにエジソン電灯会社を1878年に設立した。エジソンは単に電球を発明しただけでなく，発電・送電システムの

末端に電灯を置くことで普及を目指した。幼少期にイギリスからアメリカに移住し，高卒ながら1878年に発電機を発明したトムソン（Elihu Thomson）が1880年に設立したトムソン・ヒューストン会社とエジソン電灯会社とが合併して1892年にゼネラルエレクトリック（GE）社となった。

　第二次産業革命における電気・モーターの導入は集権的動力源を不要として生産性を向上させた。小型で馬力の出るモーターを各々の機械（紡績機，織機，工作機械）に取り付ける，という「ユニット・ドライブ」が主流になった。従前の中央の蒸気機関からベルト，歯車で工場内のすべての機械を動かす方式は摩擦によるロスが生じるし，一カ所が壊れると工場全体の操業が麻痺したり，少量生産のため一部分だけ動かすのもうまくできず，機械のスピードの調整も難しかった。また，増設するにはベルトのシステム全体を変えなければならなかった。モーターになりベルトの潤滑油がいらなくなり屋根をベルトが這わなくなったので，明るく清潔な工場になった。モーターは蒸気動力に比べて速度調節がしやすかった。

　送電技術において直流に代わって交流が主役になるのだが，交流は送電が簡単だったので，使用する場所（工場）で発電するのでなく，発電所から送電線で送るシステムになっていく。ただし，発電における規模の経済性が発揮されるのは1917年ごろ，蒸気機関車のようなピストンの往復運転を回転に変えて発電機を回すエンジン型が，蒸気を風車のようなタービンに吹き付け回転させるタービン型に代替されてからのことである。中小企業のように自家発電のできないところにも電力会社が送電するようになってモーターの工場での普及が促された。

　図表5.2が示すようにアメリカの工場の動力源として電力が水力，蒸気に代替していった。しかし，水力・蒸気で動いていた工場を電力向けにシステムを変更するのはコストがかかるので，時間がかかった。1910年代に電力が蒸気を逆転し1920年代に完全に電力が主流になった。

図表5.2 ■アメリカの工場の動力源（1000馬力）

動力源	1889年	1899年	1909年	1919年	1929年	1939年
蒸気エンジン	4,581	8,022	12,026	11,491	6,857	4,261
蒸気タービン	0	0	90	465	1,112	1,736
内燃機関	9	120	592	856	722	866
水力	1,242	1,236	1,273	970	623	394
電気モーター	16	475	4,582	15,612	33,844	44,827

出所：Devine, Jr.W.D.（1983）From Shafts to Wires: Historical Perspecitive on Electrification, *The Journal of Economic History*, Vol.XLIII, No2：347-372.

(2) 化　学

　1820年代，30年代にドイツのリービッグ（Justus von Liebig）とウェーラー（Friedrich Wöhler）らによって有機化学が開拓された。1856年のイギリスのパーキン（Willaim Perkin）による紫色の合成染料の開発は偶然の要素も強いが，1869年のドイツのグレーブ（Carl Graebe）とリーバーマン（Carl Liebermann）による赤色染料の合成は化学研究の成果であった。ドイツは石炭は豊富だったが他の天然資源には恵まれていなかったので，石炭からさまざまなものを合成しようとした。1913年にBASF社がHaber-Bosch法による窒素の固定に成功した。第一次大戦によって輸入が途絶えたチリからの硝酸塩に頼らず肥料を生産できるようになった。この成功のためには触媒の技術がカギであった。また，後述するが，ドイツの化学メーカーが医薬品分野に進出していった。

　製鉄業は試行錯誤のプロセスを徐々に化学の知識が補って行った。19世紀末に適度な炭素含有量（0.1〜1.7％）が強靭な鉄鋼を作るカギだということは明らかになった。1856年にイギリスのベッセマー（Henry Bessemer）が炭素を含める鋼の生産を発明するが，彼は科学的知識があまりなく，リンを取り除く方法がどうしてもわからなかった。それは，ようやく1879年にやはりイギリスのトーマス（Gilchrist Thomas）のBasic Process（塩基性法）によって解決された。アメリカの鉄鋼王カーネギー（Andrew Carnegie）はスコットランドからの移民で自身は大学を出ておらず，また伝統的な教養教育は役に立たないと批判的だったが，大学で化学を学んだ人材は役に立つとして積極的に採用し成功した。

アメリカでは豊富な石油を使っての化学工業が成長するが，内燃自動車エンジンの発展による液体燃料への需要の増加が追い風となった。石油精製は1930年代までに最も資本集約的産業となった。有機化学中間物からさまざまな製品ができることも分かり，製品と製法が一体化していた。ドイツの石炭ベースの小規模な生産施設ではこの概念は生まれてこなかった。1930年代にプラスティックが発明され，容器の材料としてのガラス，皮革，木，鉄，アルミ，紙の需要を減少させた。

1940年の時点でアメリカではゴムはほぼ100％天然ゴムであった。合成ゴムは価格でも品質で劣っていた。第2次大戦がはじまり，日本がインドネシアの天然ゴムの産地を占領したので，合成ゴムの開発が急務となった。当初，アメリカ議会は農家支援のためアルコールから合成することを求めたがうまくいかず，石油ベースのブタダインを使って成功させた。これは原子爆弾開発の「マンハッタン計画」に次ぐ規模の人員を動員した政府による開発プロジェクトであった。政府が設立した合成ゴム製造施設は1950年代半ばまでに民間企業に売却された。

合成繊維ではアメリカのデュポン社が1935年にナイロン開発した。デュポンは1920年代に製品別の事業部制を敷き研究開発も分権化し中央研究部は小さくした。しかし，その長のスタイン（Charles Stein）は基礎研究の成果はいろいろな製品に共通に役立つと考えた。そして，ハーバード大学の講師だったカロサース（Wallace Carothers）を引き抜き，約束のとおり大学のような基礎研究をさせた。1927年に始めたこの小さな基礎研究部門がナイロンを開発した。また，それまでデュポンは新技術を，ライセンス契約かそれを開発した企業の買収で獲得すればよいと考えていたが，1930年代は独占禁止法が厳しく執行されるようになり，企業買収も行いにくくなった。そこで，自分で基礎研究をしっかり行って新製品を開発するようになった。ナイロンは第2章で述べた「リニアモデル」の企業戦略における（数少ない）成功例の1つである。1939年にストッキングとして商品化されたが，戦時中はデュポンは軍需生産に専念していたため，戦後になって普及した。

3 第3次産業革命

(1) 半導体

　第三次産業革命は第二次大戦後のエレクトロニクスとバイトテクノロジーに代表され，主な舞台はアメリカである。半導体（トランジスタ）はAT&Tというアメリカの電話会社のベル研究所（創業者名のベルにちなむ）で発明された。AT&Tは電話の独占的地位を占めていて利益をあげていたので充実した研究所を持っていた。AT&Tは長距離電話で電話線の中で声が減衰するので，ある一定の距離のところで増幅器を置いていたが真空管による増幅器は故障も多かったので固体素子による増幅器の開発が求められていた。さらに交換機での機械的スイッチを電気的に代替して効率を向上することも必要とされていた。このニーズに応えて，固体物理学の知識の蓄積というシーズがあいまって，1947年にショックレー（William Shockley），バーディーン（John Bardeen），ブラッティン（Walter Brattain）によるトランジスタの発明がなされた。

　詳細は第11章で述べるがトランジスタには国防省が関心を示した。当初のトランジスタはゲルマニムで作られていた。半導体は温度が上がると導体になってしまうのだが，ゲルマニウムよりはシリコンの方が高温でも半導体として作動するので，国防省の要望によってシリコン・トランジスタが主流になった。さらに国防省は多くの素子が1つの基盤に載る集積回路の必要性を示し，この需要の顕示がテキサスインスツルメンツ社やフェアチャイルド社（のちのインテル社の創業メンバーが関与）による集積回路（Integrated Circuit：IC）の開発につながった。

(2) コンピュータ

　コンピュータは第二次大戦中にイギリスでは暗号解読のため，アメリカでは弾道の計算のために開発が進められた。ペンシルバニア大学で開発された真空管を使ったENIACは実戦には間に合わず1945年11月に完成した。その後も，

アメリカの国防省はミサイル，ロケットの開発に利用するため研究開発資金を出すとともに，また主要ユーザーでもあった。1953年，54％のコンピュータが政府によって購入されていた（政府が資金を出している軍需専業への納品を含めると70％であった）。1960年代半ばにそれぞれ10％と30％に低下する。

　IBMは1930年代に事務機のトップメーカーになっていた。機械式計算機・集計機で稼いでいたので電子式コンピュータには積極的でなかった。民需は予想されてもおらず，また，技術が進歩すれば少数の大型コンピュータで事足りるとも考えられていたので，民生用のコンピュータの開発には関心がなかった。それでも，ENIACの開発者が設立したユニバック社がレミントンランド社に吸収され，同社がアメリカ政府，統計局に販売したコンピュータがIBMの製品を代替し始めたので，電子式コンピュータの開発に着手した。1954年のIBM650は中型機で安かったのでよく売れ，「コンピュータのフォードT型車」（普及を促進した廉価な製品の意）といわれた。1965年に販売が開始されたIBM360シリーズはあらゆるユーザー（「360度」）に対応できるよう小型から大型の機種を出して大成功した。

　わが国はIBMの子会社が第1位でない（日本IBMでなく富士通がトップであった）珍しい例であったが，通産省（現経産省）が積極的に研究開発を支援してきた。1980年代初めには汎用コンピュータの性能でIBMに追いついた。しかし，ソフトウエアを重視していなかったこと，IBMそのものも苦しめるダウンサイジングの流れによって，苦しくなっている。

　ダウンサイジングというのは，コンピュータに搭載する半導体の性能が向上し，小型で廉価(れんか)な機種が上位機種が行っていたことをできるようになってしまうことである。ミニ・コンピュータが汎用コンピュータの市場を奪い，ワークステーションがミニ・コンピュータの市場を奪い，さらにパソコンが登場し，近年ではタブレットやスマートフォンがパソコンでできることをできるようになっている。IBMはパソコン市場に出遅れていたが，1980年代初めに参入した。ただ，早く事業を採算ベースに乗せるため，積極的に外部メーカーと連携した。その結果，マイクロソフト社のMSDOSがオペレーティング・システム（OS）

の主流となり，同社の繁栄を支えた。IBMのパソコン事業は2004年に中国のレノボ社に売却されてしまった。IBMはソリューションビジネスなど顧客向けサービスを重視している。モノづくりではもうからず，知的財産権とサービスが収益源になってきた。

●インターネット

情報技術での近年の大きなイノベーションがインターネットである。インターネットの開発には2つの流れが合わさったものである。1つは1960年ごろアメリカ空軍がランド研究所に対して，核攻撃を受けて軍事通信ネットワークの大型コンピュータが破壊されてもネットワーク全体が機能不全に陥らない方法の考案を依頼した。バラン（Paul Baran）はファイルをパケットという単位に細かく分割して送り出し，あらかじめ決まった経路でなく，状況に応じて経路を選択して目的地にたどりついてそこで再構成する，という仕組みを考えた。1964年にできた報告書は軍事機密指定だったが，同じ年の別の報告書は機密指定ではなく，また論文としても発表されていた。

一方，国防省の先端研究計画局（Advanced Research Project Agency：ARPA）は大学への研究資金提供を行っていた。1960年代初めから防空システムの開発を大学に委託していたが，1967年になると，多くの大学が同じような高性能な大型コンピュータをARPAの資金で購入したがるので，ARPAはコンピュータをつないで共有することを求めた。こうして，ARPANetとよばれるネットワークがARPAの資金を受けている組織の間で構築されるようになった。ここでは軍事目的はあまり重要でない。しかし，ARPAの軍事研究に関わっていないとネットワークに入れないことに大学から不満が高まったので，1981年にわが国の文部科学省に当たる全米科学財団（National Science Foundation, NSF）が引き継ぎNSFNetとなった。NSFは大学への研究支援が主務の省庁なので，NSFNetの商業的利用を推進しにくい立場であった。しかし，1991年，NSFは商業的利用を解禁し，さらに賢明にも民間に移管した方が普及すると考え，1995年にNSFNet運営から手を引いて，大手電話通信会社4社に任せることに

した。

　今日ではインターネットは，インターネットを通しての消費（購買）とインターネットへの民間ならびに政府からの投資とを合わせると，先進13カ国の経済活動の3.4％を占めている。これは農業の2.2％より大きく運輸の3.9％に匹敵する。興味深いことに，インターネットの生み出す付加価値の4分の3はインターネット新興企業でなく，既存企業がインターネットを導入したことによって生み出されている。それほど，多くの企業が普通に使いこなすようになったのである。

(3) 医薬品とバイオテクノロジー

　ある種の植物の樹皮などが特定の疾病に有効であることは経験則で分かっていた。ヤナギの高木であるWhite Willowの樹皮は熱や頭痛に効くが胃潰瘍を含め胃を荒らす副作用が強かった。1830年代に有効成分のサリチル酸の抽出には成功した。合成染料のメーカーだったドイツのバイエル社は染料の医薬品への応用を考えおり，1896年に合成に成功したアセチルサリチル酸は同じような効き目で副作用がずっと小さかった。これはアスピリンという商標で登録され，この特許は広くライセンスされた。これが近代製薬業の始まりであり，ドイツの化学メーカーがこぞって参入し成功した。公的研究所である実験治療法研究所も医薬品開発に貢献する知識を供給した。

　一方，イギリスのフレミング（Alexander Fleming）は偶然から青カビには抗バクテリア効果があることを発見した。しかし，その後の開発は行わなかった。1930年代にオックスフォード大学のフローレィ（Howard Florey）とチェイン（Ernest Chain）が抗生物質としての青カビを特定した。ペニシリンである。しかし，量産できないでいた。第2次大戦が始まったので，イギリス政府はアメリカ政府による開発を認めた。農務省の研究所で開発していたコーンステープリカー（でんぷんを精製する過程できる溶液）の中での発酵がうまくいくとわかり，戦時中に大量生産が可能になり，多くの連合軍側の傷病兵の命を救った。

　アメリカのラトガース大学のワクスマン（Selman Waksman）はメルク社か

らの支援で，土中にあるさまざまな物質の薬効を調査した。その中で結核の特効薬ストレプトマイシンという抗生物質が発見された。ドイツ流の化合物だけでなく自然界に存在するものから薬効成分を抽出するアプローチが確立された。どちらも片っ端から候補の薬効を調べるもので"random screening"と呼ばれ，1950年代，60年代の主流となったが，効率は悪かった。

しかし，医学は着実に進歩を遂げていた。とくにアメリカが公的研究資金を大量に大学の医学部に投入するようになった。さらに，物理学の進歩が医学に貢献した。X線解析や核磁気共鳴画像技術を開発して，たんぱく質の分子構造を解明した（核開発が一段落したため物理学者自身の分子生物学への転向も多かった）。1953年にはワトソン（James Watson）とクリック（Francis Crick）によってDNAの二重らせん構造が特定された。

医学の知識が増進されると，ある程度の目安を付け候補を絞り込んでの薬効のテストが行われるようになり，"rational drug design"が1970年代から80年代の主流になった。1980年代に遺伝子組換え技術が開発された。さらに，これにはコンピュータの進歩が大きく貢献しているが，ヒト遺伝子の解析が進み，遺伝子情報に基づく疾病の原因究明と創薬が行われるようになってきた。それでも医薬品の開発がこれらの新手法に完全に置き換わったわけでなく，試行錯誤の部分はまだ残っている。新薬の開発は依然として成功率が低く，5000の候補のうち5個が動物実験を経て臨床試験に入り，最終的に1つが製品化されると言われる。

4　イノベーションと雇用

(1)　機械による失業

イノベーションが進むと機械によって労働者が代替されるということは，古くから懸念されてきた。イギリスでは1811-16年に機械を打ち壊す「ラッダイト運動」が起きた。しかし，産業革命と技術進歩によって人類は「マルサスの罠」から脱出できた。19世紀のイギリスの経済学者マルサス（Robert Malthus）

は人口は幾何級数的に2倍，4倍，8倍，16倍と増えるが，生産は算術級数的に2倍，3倍，4倍，5倍としか増えないので，経済が成長すれば人口が増えて生産が追い付かず生活水準が下がり経済は最終的には停滞すると考えた。だが，産業革命以後，イノベーションのおかげで人口増加を上回るペースの生産力の増加が享受されている（発展途上国の人口爆発への懸念は「新マルサス主義」として主張されている）。

　一般に製品イノベーションはそれを作る雇用を生み出し，製法イノベーションは機械による労働者の代替を伴うことが多いので雇用にマイナスのことがあるとされる。ただし，製品イノベーションでも新製品が新しい市場を開拓するのでなく既存市場の旧製品にとって代わるだけならば旧製品に携わっていた人の雇用を奪うので雇用創出効果は小さい。イノベーションは短期的にはこのように労働者を代替するが，長期的には新しい雇用を創造して代替された分を補填して余りある。問題は短期・長期の具体的な長さと代替された労働者をいかに新しい雇用にマッチさせるかということである。自動車を作っていた労働者が次の日からソフトウエアのプログラマーになれるわけではない。

　第一次産業革命以降，19世紀までは機械化の過程で熟練工・職人が，流れ作業・組立て工程で働く未熟練工に代替された。第二次産業革命がおこり20世紀になると，バッチ・連続工程が現れた。バッチ工程というのは，液体・気体を扱うもので化学，飲料，乳製品，製鉄，パルプなどである。連続工程というのは，石鹸，フィルム，マッチ，タバコ，紙のように投入物を入れたら製品がでてくるまで装置の中で連続作業が行われるものである。もちろん自動車のような流れ作業での組立て工程は健在だが，新たに誕生したバッチ・連続工程では労働者は直接生産に携わるのでなく，装置の管理を行う。マニュアルや図面を読め，化学・電気を理解でき，数式が解ける人材が求められたが，OJTでの習熟では間に合わず（また転職されては訓練費用を回収できないので）当時としては高学歴だった高卒者への需要が高まった。第二次産業革命は人間のスキルと補完的だったのである。

　第三次産業革命の担い手であるコンピュータは長足の進歩を遂げ，チェスや

将棋で人間に勝てるようになっている。コンピュータは膨大なデータに照合して解を見つけるのは得意だが，前例のないことを予想することは難しい。しかし，予想は下手でもコンピュータは何万通りもシミレーションして解を見つけてしまう。それでも，暗黙知をもった達人にはまだ勝てない。たとえば，コンピュータは設計図通り木を加工するのは得意だが，規格が統一されていない木の特性を見て削り方を変えるのは難しい。患者の症状と過去の症例から病名を判断するのはコンピュータなら瞬時に行うことができるが，場合によっては周りに気を遣ってうそを言っているかもしれない患者の表情まで見て病状を判断するのが名医である。しかし，このようなレベルの職人芸のできる人は少ないのも事実である。

(2) グローバル化とサービス産業化

先進国では図表5.3が示すように就業者数でも付加価値（売上から原材料費を引いた部分）でも製造業の比率が低下しサービス産業の比率が増えている。製造業は第6章で述べるように新製品の開発競争から価格競争に転換すると，賃金の低い発展途上国での操業にシフトした。先進国は新たな製品の開発に傾注すればよいのだが，実際には工場が海外にシフトすると製造業全体が衰退し産業構造がサービス産業化している。

図表5.3 主要先進国での産業構造変化（就業者数での比率，％）

国名	1980年			2012年		
	農業	工業	サービス業	農業	工業	サービス業
日本	10.11	35.07	54.81	3.74	24.73	71.53
アメリカ	3.38	29.27	67.34	1.54	17.24	81.23
イギリス	2.56	36.07	61.37	1.20	17.64	81.16
ドイツ	5.26	42.86	51.88	1.61	26.83	71.56
フランス	10.61	36.17	53.22	2.98	20.48	76.54
韓国	33.99	28.62	37.39	6.23	23.91	69.87
スウェーデン	5.63	31.51	62.86	2.16	18.64	79.20

出所：US Bureau of Labor Statistics, *International Comparison of Annual Labor Force Statistics, 1970-2012*, http://www.bls.gov/fls/flscomparelf.htm

先進国にとってさらなる懸念はインターネットによってモノづくり以外の仕事も空洞化するオフショアリング（offshoring）と呼ばれる現象である。インド人はコンピュータの知識と英語力に優れているので，ソフトウエア作成はもちろんとして，コールセンター（電話での苦情相談）から納税書作成，人間ドックの画像診断までアメリカの企業が委託している。大卒の仕事であってもインターネット上に載る仕事は海外に移転される恐れが出てきた。むしろ低所得の対人サービス業（家政婦，清掃業，飲食業，理容・美容業）の方が海外移転の恐れは小さい。そして，医師，会計士，プログラマでも高度な判断を要求される内容の仕事は，顧客とのやりとりが大切なのでアメリカのような先進国での雇用が残る。これによって所得格差が一層拡大する恐れがある[1]。幸い，日本語を理解する外国人が少ないので，日本人のホワイトカラーの仕事はあまり海外に行かないのである。前述のように職人芸以外の仕事はコンピュータに取って代わられる可能性があるが，コンピュータができるということはインターネット上に載って海外に行く可能性があるのである。

　第2章で述べたイノベーションのモデルはモノづくりを想定して語られていた。サービスには生産と消費が同時におこり，貯蔵できないという特質がある。対人サービスの場合，いかに従業員のやる気を引き出すか，それを個人でなく全従業員のノウハウとして共有するための工夫や組織での取り組みが重要である。サービス産業の比重が大きくなっているので，サービス産業でのイノベーションの理論の研究が重要になってきたが，実際2005年以降，IBMが中心になってサービスサイエンスの研究が行われている。

　しかし，サービスイノベーションで用いる情報技術の多くは情報機器メーカーが生み出したものである。モノづくりをしなくなるとサービス産業で用いるハードウエアの開発力が衰えてしまいサービス産業のイノベーションの源が枯渇する恐れがある。

❖注

1 ただ，アメリカにおいて大学進学が無意味になったわけではまだない。アメリカでは大卒の高卒に対する賃金格差は拡大している。それは過去30年間，需要に比べて大卒者数が頭打ちで供給が伸びていないからである。

❖ディスカッション問題

1．身の回りにある技術，製品（自動車，冷蔵庫など）が，1960年，1920年，1980年に，すでに先進国では（性能は無視して）実用化されていたかどうかを調べよ。
2．2030年にコンピュータによって代替されている仕事，されない仕事を考えよ。
3．第1次，第2次，第3次産業革命における公的科学研究（政府の役割）を比較せよ。
4．大学の授業のオンライン化（インターネット授業）の良い点，悪い点を議論せよ。

❖参考文献

キャンベル・ケリー，M., アスプレイ，W.（山本菊男訳）（2006）『コンピューター200年史（第4版）』海文堂。

フリードマン，T.（伏見威蕃訳）（2008）『フラット化する世界（増補改訂版）上・下』日本経済新聞社。

ブリニョルソン，E. & マカフィー，A.（村井章子訳）（2013）『機械との競争』日経BP社。

村上陽一郎（2006）『工学の歴史と技術の倫理』岩波書店。

湯沢威（2014）『鉄道の誕生』創元社。

第6章
イノベーションと企業戦略

1　イノベーションと企業組織

(1) 取引費用と企業の範囲

　本章ではイノベーションのための企業戦略ならびにイノベーションが企業戦略に与える影響を論じる。イノベーションは企業戦略にとってきわめて重要であるので，イノベーションと関連した企業戦略だけで1冊の本が書けるであろう。本章の紙幅では充分な議論はできないが，本書の他の部分で議論されていることが，企業の行動にどのような影響があるか注目しつつ議論を進めたい。イノベーション戦略というのは企業の役員になったり，自分でベンチャー企業を立ち上げた場合のみに関係があるのではない。社会に出たら，自分の仕事とイノベーションとを関連づけてほしい。

　企業の範囲（どこまで社内で行うか）についてはいくつも考え方があるが，そのうちの1つが取引費用（transactoin cost）の節約である。パソコンが最終消費者に届く課程を考えてみよう。純度の高いシリコン粉末を作り，それから半導体をつくる。それもマイクロプロセッサもあればメモリもある。そしてパソコンに組み立てる。パソコンで動くオペレーティング・システムやソフトウェアをインストールする。パソコンを販売店に卸売して，販売店が消費者に小売する。これを1社で行うか，別々の企業が行うかということである。

　取引費用が大きければ自分で行った方が良い。取引費用とは取引相手を見つけて交渉し契約を締結し契約の履行を監視し，必要ならば裁判を起こすといった費用である。紙と鉛筆だけの費用に見えるが，企業の役員が時間を割くわけ

であるから，彼らがその時間を別のことに費やせば得られたであろう利益を犠牲にしているという意味での機会費用は大きい。

　しかし，自分で何でも行うことにもデメリットがある。部品・材料の専業メーカーは技術力もあり，大量生産しておりコストが低いので，自社で開発・内製するより専業メーカーから購入した方が安く調達できる。内製すれば組織が肥大化するので管理運営のコストもかかる。このバランスを考えて企業は自分で行うか，外部から調達するかを決めている。「買う」か「自分で作るか」の中間形態として連携がある。イノベーションでとくに重要なのが共同研究開発と産学連携であり，それぞれ本書第7章と第11章で考察する。連携ではパートナーの裏切りやただ乗り行為があるので，これを防ぐために，内製して事業部を管理するコスト，市場で調達する取引費用とは別の苦労が要る。

　企業の範囲のもう1つの次元が多角化である。さまざま事業で活動することはイノベーションにメリットとなる。中央研究所で基礎研究を行っても当初計画したとおりに実用化されるとは限らない。さまざまな事業部があればどこかでは実用化されうる。バイオテクノロジーの研究成果は当初予定していた医薬品では活かされなくても農薬や食品では活かせるかもしれない。また，いろいろな事業に手を出しておけば，好調な事業部が不調なそれを補ってくれるのでリスクが分散できる。しかし，経営資源の分散はマイナス面も大きい。開発したものを何でも自分で商品化しようとするのではなく，特許にして他社にライセンスした方がよいかもしれない。

(2)　アーキテクチャのタイプ
●モジュール型

　アーキテクチャとは個々の部品（要素技術）をつなぎ，まとめて製品にする仕方である。これには大きく分けて2つのタイプがある。第1がモジュラー型（モジュール型とも呼ばれる）である。ここでは要素技術が離れ小島のように孤立してモジュールを形成する。再びパソコンを想起してほしい。CPU（マイクロプロセッサ），メモリ，ディスプレイ，キーボード，プリンター，ス

キャナー，音楽鑑賞用スピーカーなどが独立していて，異なるメーカーの製品でもつなぐことができる。また，基本的に1つのモジュールの性能が向上してもシステム全体を再設計する必要はない。ただ，モジュール化のためには要素技術同士をつなぐルールが決まっていなければならない。そのためインタフェースの標準化が行われる。標準化については第10章で詳説するが，まず接続面がコンセントとプラグの形状のように物理的に統一されていなければならない。さらにソフトウェアの面でも現状ではウィンドウズで統一されている。これも第10章で説明するが標準化にはさまざまな決め方があるが，ウィンドウズによってつながるということは誰が決めたわけでもなく競争の中で決まった事実上の標準（デファクトスタンダード）である。

●インテグラル型

アーキテクチャのもう1つのタイプがインテグラル型である。要素技術の相互依存関係は事前に決まっておらず開発の過程でシステム全体を考えて調整をしながら設計を進めていくやり方である。典型的なのが自動車である。たとえば乗り心地を改善する唯一の技術はない。タイヤ，車軸サスペンション，座席，エンジン振動，空気抵抗の少ない車体など総合的な技術向上の成果である。もしモジュール型ならば，1つの技術が改善すればシステム全体を再設計しないで乗り心地が改善されるのである。日本企業はインテグラル型のモノづくりでは強いので自動車産業はいまだに競争力を維持している[1]。

●垂直統合・非統合

1980年代までのエレクトロニクス産業では何でも行う百貨店のような企業が強いと言われていた。**図表6.1**で示すように事業のIからIVは，たとえば重電（発電機・タービン），家電，大型コンピュータ，パソコン，半導体，ソフトウェアといった分野のことである。垂直統合型の企業とは企業1から企業4のようにすべての分野をカバーしているものである。コンピュータや家電に使う半導体も自社で作るのである。このような企業では，最新の世代の半導体が

図表6.1 ■垂直統合と垂直非統合

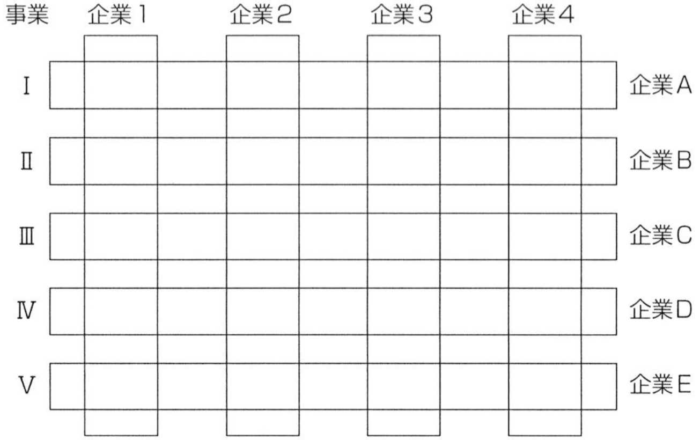

事業	企業1	企業2	企業3	企業4	
Ⅰ					企業A
Ⅱ					企業B
Ⅲ					企業C
Ⅳ					企業D
Ⅴ					企業E

出所：筆者作成。

開発されたら社内の大型コンピュータ，パソコン，家電などの事業部が使ってくれるので，生産経験を積むことができ品質を向上させ，外販でも強くなる。一方，事業部同士の内部補助は非常時の場合が多いが，安定した収益をあげる重電や（今は厳しいが）家電部門を持っていることが半導体での積極的な投資を可能にするといわれていた。これに対してアメリカの半導体メーカーは半導体専業で外販のみであったので，経営基盤が脆弱といわれていた。

しかし，1990年代に自然発生的にモジュール化が進むと，企業は自分の得意分野に特化し，企業Aから企業Dがそれぞれの事業で世界市場を支配した。GEは半導体，コンピュータ，家電などの事業はリストラして重電に専念する。IBMもパソコンはやめて大型コンピュータとその顧客向けのコンサルティング事業に特化する。マイクロソフトはソフトウェア，インテルは半導体それもメモリではなくマイクロプロセッサの世界市場をそれぞれ支配した。日本企業はどの分野にも手を出し，どこでも一番になれなくなり苦境に陥った。

モジュール化で大切な戦略が「選択と集中」である。自社の競争力の源泉となるコアコンピタンス（自社が得意というだけでなく他社との相対的な強み）を特定しそこに経営資源を集中し，それ以外の部署はリストラし，必要ならば

提携・アウトソーシングで外部から調達するのである。このプロセスにはリストラの痛みが伴う。GEは1980年代初めにウェルチ（Jack Welch）会長が「1番か2番になれない事業部はすべてリストラ」という徹底した選択と集中を行った。GEは中性子（ニュートロン）爆弾が投下された後のように建物は残しているのにリストラで人はいなくなったとして、ウェルチは「ニュートロン」と仇名された。

　前述のように多角化のメリットにはリスクの分散があるのだが、「選択と集中」は卵を1つのバスケットに入れるので判断を間違えればリスクを大きくする。シャープは液晶事業に資源を集中したことが日本企業としては珍しい思い切った「選択と集中」の戦略と評価された時期もあったが、液晶での不振が会社全体の危機につながったのである。

(3)　組織イノベーション

　第1章で紹介したシュンペーターの5つの新結合の中には「新しい組織」が含まれていた。また、**コラム5.1**で述べたように蒸気機関車による鉄道という新しい技術が鉄道会社に新しい組織形態を求め、さらに鉄道による国内市場の形成が他の業種でも大企業の出現を可能にした。技術進歩が組織イノベーションを引き起こし、組織イノベーションが他の4つの新結合も促進しイノベーションを生み出す。モジュール化と「選択と集中」の戦略によって、企業は多角化戦略をやめ特定の事業に特化する組織改革を行った。

　ペースの速い技術進歩に対応するため、企業は何でも自社開発する戦略を見直し、外部組織の研究成果を利用したり、共に知識を創造したりするようになった。産学連携や共同研究開発といった第7章で考察する組織間連携である。さらに、企業は研究開発だけに特化し、生産は外注することも行うようになっている。アメリカの半導体産業では開発・設計のみを行うファブレス（fabless）企業が、生産を海外（とくに台湾が多い）ファウンドリ（foundry）とよばれる生産専門企業に委託するというビジネスモデルが現れた。特許やソフトウェア（著作権）によって設計図が保護されているので、他社に委託生産できるの

図表6.2 ■アップルiPod生産の担い手

		生産	販売	開発	合計
従業員数（人）	アメリカ国内	30	7,789	6,101	13,920
	国外	19,160	4,825	3,265	27,250
報酬額（ドル）	アメリカ国内	1,429,200	220,183,310	562,191,318	753,287,510
	国外	90,236,050	96,500,000	131,750,000	318,486,050

出所：Linden, G., Dedrick, J. and Kraemer, K. L. (2009) *Innovation and Job Creation in a Global Economy: The Case of Apple's iPod*, Personal Computing Industry Center, UC Irvine

である。アップルはiPhone, iPad, iPodなどの大ヒットの製品を出しているが，生産のほとんどが海外で行われ，アメリカ国内では開発と販売が主である。図表6.2が示すようにiPodに関係する雇用者数では国外が国内の2倍である。ただ，開発従事者の給与が高いので報酬支払総額ではアメリカ国内のほうが海外の2.4倍になっている（生産だけでなくホワイトカラーの仕事まで海外に業務委託される「オフショアリング」については第5章を参照）。

　一方，生産現場のノウハウを取り入れ，いかに不良品がでないようにするか開発段階から考えなければならない自動車などでは開発，生産，マーケティングなどの担当者から成る機能横断的なチームによる開発が行われ，全体を統括する大物プロジェクト・マネジャーの役割が重要である。

2　イノベーションをめぐる競争

(1)　ドミナント・デザインの獲得

　一般にイノベーションの初期段階ではさまざまな新製品同志の製品イノベーションでの競争が行われる。競争の結果，1つの製品デザインが市場で支配的になる。これをドミナント・デザイン（第10章で述べる「事実上の標準」と類似の概念）と呼ぶが，その後は同じデザインの中でのコスト削減による生産方法をめぐるイノベーション競争が行われる。図表6.3が示すように競争の初期段階ではさまざまな製品がドミナント・デザインをめぐって争うので製品イ

図表6.3 ■製品イノベーションと工程イノベーション

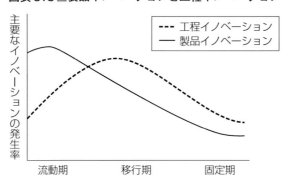

出所：アッターバック, J. M. （大津正和・小川進　監訳）（1998）『イノベーション・ダイナミクス』有斐閣，p.7より筆者作成。

ノベーションの発生件数が多い。ドミナント・デザインが決まると製品イノベーションの発生件数は減るが，コスト削減のための工程（製法）イノベーションの発生件数が増える。そして，市場が成熟すると両者とも減少する。

自動車の場合，20世紀初頭には蒸気自動車，電気自動車，内燃機関（ガソリン・ディーゼルエンジン）自動車の間での競争が行われた。ヨーロッパでは自動車が貴族階級の奢侈品であったが，アメリカでは交通機関になった。そうなると走行距離の短い電気自動車や走行までの手間がかかる蒸気自動車が不利になった（貴族は執事が蒸気をくべていてくれるし，館から劇場に行くだけの短い走行であったので蒸気自動車や電気自動車の短所は深刻なものではなかった。蒸気自動車は走り出せばスピードが出るのでレースに強く貴族好みであった）。内燃機関エンジンとハンドルで車輪を操作する方式が交通・輸送手段としての自動車のドミナント・デザインになると，それ以降は価格低下をめぐる製法イノベーション競争が起きた。

先行者と後発者の競争は後述するが，わが国では普及率が2-3％のところでトップになった規格がそのまま勝者になるといわれる。商品化で一番の先行者にならなくてもよいが，あまり遅れてしまうと挽回できない。第3章で述べたように市場に普及していく過程でマニア的な革新的採用者から初期少数採用

者にユーザーが代わった時期にトップをとることが重要である。

　ドミナント・デザインを握るまでの規格間競争に勝つ戦略は第10章で詳説するが，1つの方法は，できるだけ多くのパートナーを引き入れることである。自社の特許をオープンにする戦略が好ましい。しかし，一旦，ドミナント・デザインを得るとその後は製法イノベーションによるコスト低下が重要になり，それまでのパートナーはライバルになる。自社の技術力のうち何を社内でクローズにして何をオープンにするかの経営判断が重要となる。

　第10章でも述べる家庭用ビデオのおけるベータ陣営（ソニー）対VHS陣営（日本ビクター・松下電器［現パナソニック］）の争いでは，ソニーは自社技術に自信があったので陣営のメンバーを増やすことに消極的であったのに対してVHS陣営はパートナーを積極的に受け入れ勝利した。

　パソコンでは先行したアップルが追随したIBMに追い抜かれる。ソニーと同様，アップルは他社に技術供与することを嫌いパートナーづくりに消極的であった。一方，IBMは新興のマイクロソフトにオペレーティング・システムの開発を任せるとともに他のパソコンメーカーにも使わせた。規格間競争でアップルは一敗地にまみれたのである。創業者のジョブズも1985年に一度は会社を追われ，身売り寸前まで行っていた同社に1997年に復帰して立て直した。

　IBMはパートナーが多いことによって規格間の競争では勝利したが，その後の規格内競争ではライバルが多いことになり不利になった。IBMは一時的にはパソコン市場を支配したが最終的には撤退した。ビデオでも同様で，VHS陣営はベータ陣営に勝利したがその後はソニーも含めたベータ陣営の企業もVHSで参入したので，VHSは価格競争が激しくなり勝者側のビクターもパナソニックも市場を支配できなくなった。

(2)　先行者の優位と後発者の優位

　特許を議論する第9章では，発明の成果を占有するための特許以外の戦略もあげられているが，ここでは単純にとにかく早く商品化する先行者の優位について考えてみたい。先行者が優位になるには次のような理由が考えられる。

まず第一にブランドイメージを確立することである。英語ではとくに言われるのだが商品名が普通名詞になってしまうことがある。ティッシュのクリネックス，複写機のゼロックス，小型飛行機のセスナ，4輪駆動車のジープなどである。ゼロックスなど「複写する」の動詞にもなっている（NHKは特定企業の宣伝は行わない方針なので，セスナ機やジープなどという言葉を放送で使えない）。日本の製品では1980年代にソニーのウォークマンが小型携帯ステレオプレーヤーの普通名詞になった。消費者はそのブランドでないとカッコ悪いと思ってしまうので，その先行者ブランドは地位を保つことができる。

　第二に先行者はまた補完的資産を抑えることができる。原材料メーカーや販売店と独占的な契約を結んだり買収してしまうことによって後発企業の参入を難しくする。

　さらに第三に生産の経験を積むことで不良品が出なくなりコストが低下する。累積生産量が増加するとともに単位当たりコストが下がるのを学習効果（経験効果）と呼ぶが，先に生産を開始すれば，仮に特許による保護がなく模倣が可能であっても後発企業が参入するころにはコストが下がっていて後発企業に対して優位に立てる。

　学習効果には2つのパターンがある。工場現場の労働者が作業に慣れることで生産性があがることと現場の監督が問題解決能力を身につけることである。管理者側も部品・工具の配置などを工夫することで労働者の作業能率があがる。これらはいずれも生産経験を積む中で生み出されるのである。

　これに対して後発企業も逆転できることがある。ただ，後発者は先行者が新製品を出したらすぐに同様の製品を出せるように日頃から技術力を磨いておくことが求められる。後発者はとくに技術進歩が早くまた第2章で述べた画期的イノベーションが起こりやすい（**図表2.1**のS字カーブの入れ替えが次々に起こる）産業であれば，最初のラウンドで勝者となった先行者の優位がすぐに始まる次のラウンドになれば振り出しに戻るので，逆転のチャンスがある。スィッチング・コスト（Switching cost，第10章参照）を上回る性能の向上があれば画期的なイノベーションに勝機がある。先行者は既存の製品の陳腐化を嫌

うので画期的なイノベーションに消極的かもしれない。また，市場のニーズが確定できず，まったく新しいユーザーが現れたりする場合にも後発企業が逆転できる。さらに消費者は新しい製品について知識がない場合もある。その際には先行者が消費者に「こんなに便利なものがありますよ」と宣伝を行う。消費者が新しい製品の良さを理解して購入し始めたころに後発組がその啓蒙・宣伝費用を負担しない分，安い価格で参入して市場を獲得できる。

3 事例研究 ―― ソニー

(1) ベンチャー企業としての成長

　昨今は同社に関しては暗い報道ばかり目につくので学生諸君にはそれほどの輝きをもって見られていないかもしれないが，ソニーはホンダと並んで第二次大戦後のわが国で最も成功したベンチャー企業である。ソニーの歴史は本書で扱うさまざまなトピックスの事例となるので説明したい。ソニーの創業者は井深大，盛田昭夫らの技術者であった。盛田の実家は名古屋の造り酒屋であった。創業にあたっては，跡取りを譲り受けるので井深はわざわざ盛田家に挨拶に行っている。ソニーは盛田家から資金援助をしてもらう代わりに株を譲渡していた。盛田家はエンジェル（ベンチャー企業を支援する富裕な個人）の役割を果たしたわけだが，もちろんこの投資は盛田家にとっても大成功であった。

　ソニーはアメリカのウェスタンエレクトリック社からトランジスタのライセンスを受けようとした。第5章で述べたようにトランジスタはアメリカの独占的電話会社のAT&Tのベル研究所で発明された。ウェスタンエレクトリックはAT&Tのハードウェア（電話機）のメーカーであったので，トランジスタの特許を持っていた。

　日本では当時，外国企業とのライセンス契約は通商産業省（現在の経済産業省）の認可が必要であった。当時のソニーはまだ東京通信工業という名称で従業員100人程度の新興企業であったので，ライセンスは認可されなかった。しかし，井深社長が熱心に説得したので6カ月後に認められた。6カ月というの

は大した遅れではないように思われるが，経営者が粘らなければ認められなかったのである。もっとも，粘るような経営者だったのでのちにソニーは成功したのであるが，当時の通産省の官僚は東京通信工業が成功してソニーのような大企業になるとは予想できなかったのである。これは，ハイテク産業育成政策の難しさとして有名な例である。

　ウェスタンエレクトリックはライセンス契約を結んでくれたが，生産方法の詳細は教えなかった。のちに社長になる岩間和夫が工場見学をさせてもらえたが，メモ・写真は許されなかった。岩間は懸命に記憶してホテルから東京の本社に手紙を書いた。受け取った東京本社は送られた「岩間レポート」を基に想像力を駆使してトランジスタ製造装置を組み立てた。これは産学連携など組織間の技術移転ではノウハウの移転と受け入れ側の能力と努力が大切だという事例である。

　ソニーはトランジスタの生産を開始したが，歩留まり率が悪い（不良品率が高い）状態が続いた。そのとき，生産現場の中卒の女子工員が「自分が頑張っているのに不良品ばかりでるのは納得できない」と全工程をチェックすることを提案して，エンジニアがアンチモンが問題であることを突きとめリンに変えることで歩留率を改善した。現場の一女子工員までが企業の利益を考えることが漸進改良型のイノベーションにつながるのである。さらに，この過程でエンジニアだった江崎玲於奈がトンネルダイオードを発明した。彼はのちにIBMの研究員となりノーベル賞を受賞するが，その受賞対象研究はソニーの現場の問題を解決する中でうまれたわけで，第2章で述べた「パスツール型基礎研究」だったわけである。

　ソニーは1956年春にTR-81というトランジスタラジオを発売した。ワイシャツのポケットに入る大きさということで「ポケッタブルラジオ」という和製英語で売り出したが，残念ながらワイシャツのポケットに入れるまでの小型化はできなかった。当時の盛田専務のアイディアで営業マンはワイシャツのポケットを一回り大きいものに付け替えて，ラジオをポケットに入れて売り込んだ。

(2) ソニーの栄枯盛衰

　ソニーは第10章でも述べるように家庭用ビデオの規格間競争に負けた。しかし，ソニーは第2章で述べる制度変化のための企業家活動もしていた。テレビの映画放送を家庭でビデオ録画することに対してアメリカの映画会社のユニバーサルスタジオやウォルト・ディズニーが著作権の侵害だとして訴えていた。彼らは複製権は著作権保持者にのみあるという立場だったが，ソニーは録画は単に視聴を後ろにシフトしただけだと反論した。1984年のアメリカ最高裁の判決でソニーは勝利した。これ以降，映画会社は積極的に作品をビデオ化するビジネスモデルを打ち立てた。ソニーによる制度変化を目指しての企業家的活動は成功したが，ビデオの生産・レンタル・販売業者はその当時，優勢になりつつあったVHS版のビデオを優先したためにベータの劣勢は挽回不可能になった。ソニーの活動が裏目に出たのである。

　VHS陣営が勝った要因の1つにパナソニックの持つ電気小売店網（1980年代には量販店だけでなく電気小売店が多数存在していた）にあった。ソニーは家庭用では敗れたが，放送局のビデオ機器市場では営業力を駆使し，今日でも有力である。ソニーは「アフターサービスができないところには売るな」という方針で，故障があればすぐに対処することによって信頼を得て顧客を増やした。

　さらに，ソニーは後発だったので電気小売店舗の系列化では後れていたが，ソニー（SONY）ブランドの宣伝に力を入れ販売力は強かった。イノベーションは単に売れるというだけでなく社会的なインパクトを与えることが重要なのだが，やはり販売力というのは重要である。**コラム6.1**でとりあげるIBMも強い販売力が伝統であったし，トヨタにとって生産方式と並んで強力なディーラー網も強みであった。イノベーションの企業戦略としては販売員のモチベーションを高める組織としての工夫も含めた販売でのイノベーションが重要である。

　元々，創生期からテープレコーダーに強かったソニーは1979年にカセットテープを使った，前述の携帯ステレオプレーヤーの「ウォークマン」をヒットさせた。ミュージック・カセットテープを再生してヘッドフォンでステレオ音

楽として楽しむためのものだが，録音機能がないことの懸念を吹き飛ばしてヒットしたのである。そして，1983年には自らテープやレコードを陳腐化させるCD（コンパクト・ディスク）プレーヤーをオランダのフィリップス社と共同で商品化した。その際にCDの直径は12センチとなり今日のDVDにも受け継がれている。これを決めたのは当時のソニーの大賀典夫社長であった。彼は元々は東京芸術大学卒業の声楽家であり，ソニーのオーディオ製品のユーザーとしての意見を述べているうちに気に入られて経営陣に加わり社長になった。ユーザー・イノベーションの担い手なのである。彼はCDの直径を決める際に日本人が大好きな「ベートーベン交響曲第9番『合唱付き』」が入る大きさにした。この曲は長いので従前のレコードやカセットテープでは収まりきらず2巻になることが多かったのをCD1枚分にしたのである。

　ソニーはパイオニア企業から大企業になった後でも新規事業に後発者として参入して成功もおさめている。家庭用ゲーム機では先行した任天堂がマニア向け市場を押さえていたので，ソニーのプレイステーションは一般向け市場を狙った。一般ユーザーはマニアほどゲームの鮮度にこだわらないので，名作ゲームソフトをベスト盤として低価格で販売した。また，玩具店・ゲーム店は任天堂が押さえていたので，ソニーの強いレコード・CDショップで販売した。また，1990年代に参入（2度目の参入）したパソコンではVAIOがヒットした。ピンクや銀色といったカラフルなデザインが，ソニーのスマートなブランドイメージと合致して成功した。

　1980年代に輝きを放ったソニーも，「トリニトロン」というブラウン管型テレビで成功していたので液晶テレビに乗り遅れ，アップルのネットからの楽曲ダウンロードというビジネスモデルに対応できなかった。ソニーは携帯用ステレオを実用化させて成功していた。その媒体はカセットテープからCD, MD, DVDと代わっていたが，依然としてソフトウェアを購入して聴くという形であった。また，ソニー自身がソフトウェアとしてのレコード会社ももっていた。これを陳腐化させるネット配信に出後れたのに対して，アップルには既存製品というしがらみがなかったのでダウンロード方式を躊躇なく商品化したのであ

る。既存大企業の保守的な面からソニーも逃れられなかった。また，IBMと同様，収益が上がらなくなってきたパソコン事業からも2014年には撤退している。

| コラム6.1 | IBM |

　ソニーと同様，IBMも学生諸君にはなじみのない会社かもしれないが，40歳代以上の日本人にとっては今日のマイクロソフト，インテル，グーグルのような「アメリカの巨人」であった。アメリカのエレクトロニクス産業では製品の陳腐化を嫌い新製品の開発に消極的な既存企業にベンチャー企業が取って代わるということが行われてきた。その中でIBMは奇跡的に生き延びてきたのである。ただ，IBMは巧みな後発者でもある。

　創業者のワトソン（Thomas Watson, Sr.）は元々はミシンやNCR（機械式計算機メーカー）で販売を担当していた。バーで酒を飲んでいる間にミシンを馬車ごと盗まれてクビになったのでIBMでは彼の引退直前まで社内パーティでは酒が出なかった。NCRは独占禁止法違反で政府から訴えられたので，幹部が解雇され社長候補だったワトソンもやめさせられた。彼は1911年にコンピュータ・タビュレーティング・カンパニーにスカウトされ社長となり，1924年に同社をインターナショナル・ビジネスマシーン（IBM）と改称した。NCRは従業員の福利厚生，成績の上がった販売員の表彰で積極的だったが，それをIBMも倣（なら）った。彼はまた同じ町で操業していた製靴会社（エンディコット・ジョンソン社）の従業員を家族のように扱う経営にも学び，社歌も作り，大学を出たばかりの人間を積極的に採用し社員研修で企業文化をたたきこんだ。機械式の集計機は1930年代のニューディール政策で社会保障が拡充されると政府機関から受注があった。さらに第二次大戦時も軍需があった。第11章では政府調達を説明するが，イノベーションのための政府の役割としてはユーザーとなって企業に生産経験を積ませることが重要である。

　第5章で述べたように第二次大戦で電子式のコンピュータがアメリカ政府の資金によって開発された。その研究者が起業したユニバック社（のちに合併によってレミントンランド，スペリーランドと改称）がIBMをリードしていた。ユニバックは広範なエレクトロニクス企業となったためIBMほどコンピュータに注力しなくなった。IBMはワトソン自身がセールス出身だったこ

ともあって，多数の優れた販売員を持っていた。ユニバックのセールスマンは自社の技術の秀逸さばかり強調するが，IBMのセールスマンは製品の顧客にとってのメリットを説明した。当初，IBMは販売ではなくリースを行っていた。セールスマンはリースの契約期間中，顧客に出入りし緊密な関係を維持し，新製品が出たときに顧客を着実に新しい契約に誘導した。また，一旦販売して次の数年は売り上げがでないというのではなく，リースは毎年安定した収入をもたらせた。さらに，リースは中古市場を発達させない。技術進歩が急速とはいえ，コンピュータは耐久財なので，上位機種が安い中古品となりそれほど要求の高くないユーザーに購入されることになれば下位機種の売上げにマイナスになるのだが，リース販売方式はそれを防いでくれた。1955年にIBMが首位に立ちその後もその地位は揺るぐことがなかった。

　1980年代に家族主義的な日本的経営が注目されたときアメリカの著名な経営学者ドラッカー（Peter Drucker）が日本企業を聞き取りした。日本企業の担当者は異口同音に「家族主義的経営は日本の伝統ではなく，1950年代にアメリカ企業から何かを学ぼうとしたとき，業績が一番優良だったIBMのやり方をまねただけです」という答えを得たという。

　IBMもコンピュータのダウンサイジングの波にのまれつつあった。後発であったがパソコン事業に参入した。その際，第5章で述べたようにスピードを重視するため内製でなく，まだ新興企業であったマイクロソフト社にオペレーティングシステムの開発を委託した。規格間競争には勝利したが，IBM互換パソコン同志の競争が激しくなり，パソコン事業部を中国企業に売却してしまった。今日，レノボ社が販売しているThinkPadは元々はIBMのブランドである。

　IBMの復活をもたらせたのが，アメリカンエクスプレス社やRJRナビスコ社（食品・たばこ企業）で経歴を積んでCEOとしてスカウトされたガードナー（Louis Gardner）である。彼は福利厚生施設のリストラを進め，ぬるま湯的な家族的経営を否定する一方で，販売・マーケティングを重視するというIBMの伝統的企業文化には回帰した。ソリューションビジネスというコンピュータの法人顧客に対するコンサルティングに力を入れた。

4 競争政策と企業

　競争政策（わが国では独占禁止政策と呼ばれる）は大企業の横暴を抑え，公正な企業間競争を促進して消費者の利益を守るためのものである。競争政策にとってイノベーションそのものは第二義的目的であるが，消費者の利益に大きな影響を及ぼすので，重要な部分を占めている。

●大企業対ベンチャー企業

　コラム1.1で紹介したようにイノベーションの担い手がベンチャー企業か，大企業かということは「シュンペーターの仮説」と言われる。大企業（単に規模が大きいだけでなく市場シェアも高い独占大企業）には豊富な資金力がある。イノベーションはリニアモデルが想定するように常に研究開発からスタートするわけではないが，やはり研究開発は重要である。研究開発は不確実性が高く外部資金を集めにくい。ベンチャー・キャピタルはすでに特許を取得した企業が投資対象である。研究開発では自己資金が大切であり，また，研究開発には不可分性（1億円の実験装置を使って行う研究に対して5000万円を費やしても得られる成果は50%でなくゼロに近い）があるので資金力のある大企業が有利である。また，イノベーションとは実用化・普及の段階を含んでいるので，販路・ブランド力を持つ大企業が有利である。ベンチャー企業は信用がないので販売店が取引してくれなかったり，知名度がないので消費者が新製品を認知してくれない。さらに，財務力のある大企業はプロジェクトが失敗してもつぶれないので，ローリスク・ローリターンからハイリスク・ハイリターンまで含んだいくつものプロジェクトを走らせることができ，結果としてどれかが成功する。ベンチャー企業は余裕がないので1つのプロジェクトに賭けて失敗したら倒産してしまう。

　しかし，大企業は官僚的ピラミッド型組織であり意思決定が遅い。これに対してベンチャー企業は社長の一声でプロジェクトが進む。また，大企業は既存

の製品を陳腐化したくないので画期的な新製品の商品化には消極的である（ただし，他企業が商品化しそうになれば市場を失いたくないので必死になる）。さらに，それまでうまく行ってきたので，この成功体験に矛盾する新しいことはしたくないし，既存の顧客を満足させることに傾注し新しい市場の登場を無視してしまう。

　市場シェアの高い大企業は競争相手がいないので組織としての緩みが生じて，大きな研究開発予算を持っていてもイノベーションにつながらないことがある。新規参入企業が成長してきても油断している場合もある。1970年代にアメリカの自動車産業が輸入日本車を，やはりアメリカの航空機産業がヨーロッパのエアバス社製旅客機をなかなか競争相手として認識せず，対抗策を講じるのが遅れた。ベンチャー企業は経営基盤は弱くても存続の危機に立っているので組織として緊張感と士気が高い。

　このように考えると理論の上ではどちらが有利とも言えない。実証分析でも明確な結論は得られず，国・時代・産業ごとに技術と制度の特性によって決まるとしか言えない。ただ，一般的にベンチャー企業は画期的な製品イノベーションに積極的で，大企業は（多数の顧客をすでに抱えているので）漸進的イノベーションや（少しの費用削減でも生産量が多いために大きな利益になるので）製法イノベーションには熱心である。第8章で述べるようにベンチャー企業を活かすことがイノベーションにとって重要である一方，大企業がイノベーションに対して果たす役割も否定できない。したがって，競争政策がどの程度厳しく大企業を規制すべきかは難しい問題である。

　大きく成長した企業がピラミッド型組織なることはしかたない。ベンチャー企業時代のような社長以外は皆ヒラ社員というフラットな組織では運営できない。大企業としても，意思決定が遅いという弱みを克服し環境変化に柔軟に対応できるよう，分社化したり社内ベンチャーを促進している。同時に社外のベンチャー企業の動向も鳥瞰し有望そうなベンチャー企業と提携したり買収したりする。

　一方，ベンチャー企業も上場を目指すだけでなく，大企業に買収してもらう

ことを出口戦略（成長後の仕上げの戦略）にしている場合がある。せっかく設立したベンチャー企業が大企業に買収されてしまうのは「負け」というイメージがあるが，売却して手元に現金が残れば設立者にとっては「勝ち」である。ベンチャー企業と大企業は食うか食われるかの関係であるばかりでなく，持ちつ持たれつの場合もある。とくにバイオテクノロジー・ベンチャーは創薬のための臨床試験を行うノウハウと資金を持たないので，自分で成長するよりは大手製薬企業との提携・被買収を選択肢，大企業の側もそれを歓迎している（コラム9.1も参照）。

❖注
1 アメリカの音響メーカーのBose社のヘッドホンは外からの雑音を瞬時に認識してそれと真逆の音波を出して雑音を消去している。同社はその技術を応用して自動車の振動を瞬時に認識して相殺する座席を開発している。これが成功すれば1つの部品が乗り心地を改善でき，この機能に関しては自動車産業もモジュール化されるかもしれない。

❖ディスカッション問題
1. 松下電器産業（現パナソニック）の創業者，松下幸之助氏は「ウチにはソニーという研究所が東京にあります」と冗談を言ったといわれているが，その意味を両者の企業戦略と関連して調べてみよ。
2. 研究開発投資と通常の設備投資とではどのような違いがあるだろうか。またそのことが投資資金の調達にどのような影響を及ばすであろうか，議論せよ。
3. 「将来，電気自動車が本格的に実用化されれば自動車はモジュラー型になる」という意見があるが，議論せよ。
4. 参考文献欄にあるシュナースをもとに，後発者が勝った例を調べよ。

❖参考文献
アッターバック，J. M.（大津正和・小川進監訳）(1998)『イノベーション・ダイナミックス』有斐閣。

小川紘一（2014）『オープン＆クローズ戦略』翔栄社。
小川進（2013）『ユーザー・イノベーション』東洋経済新報社。
小田切宏之・後藤晃（河又貴洋・細川真哉・安田英土訳）（1998）『日本の企業進化』東洋経済新報社。
シュナース，S. P.（恩蔵直人・坂野友昭・嶋村和恵訳）（1996）『創造的模倣戦略』有斐閣。
藤本隆宏（2004）『日本のもの造り哲学』日本経済新聞社。

第7章
イノベーションと共同研究開発

1　共同研究開発の現状

　毎日の新聞やテレビ等の報道に注意すれば必ず，企業に関する報道の中には企業間の新技術の開発を目的とした共同研究，あるいは新製品や新サービス提供に向けた共同開発に関する報道が多いことに気づくはずである。製品市場において，明らかに競合関係にある企業間の共同研究，あるいは共同開発（以下，共同研究と共同開発をまとめて「共同研究開発」と呼ぶ）である場合もある。経済学を学んだことが少しでもあれば，共同研究開発に参画する企業は研究開発上の競争を回避していることになるのではないかと疑問を抱くかもしれない。共同研究開発はいわば研究開発面における企業間の協定，すなわちカルテルではないか，それゆえ，市場における公正かつ自由な競争を抑制しうるものとして独占禁止法の規制対象にならないのであろうかという疑問である。

　独占禁止法を運用している公正取引委員会は共同研究開発についての指針を設け，共同研究開発に上述したような可能性があることに言及しつつも基本的には「研究開発活動を活発で効率的なものとし，技術革新を促進するものであって，多くの場合競争促進的な効果をもたらすもの」[1]と見なし，共同研究開発を必ずしも問題視しているわけではない。では実際のところ，共同研究開発の現状はどのようなものなのだろうか。

(1)　共同研究開発の傾向
　一般に，複数の組織が共通目的の実現に向けて各々の組織資源を供出し，協

調的に行動することを「組織間連携(inter-organization alliances)」と呼ぶ。各組織は各々の組織戦略の一環として組織間連携に参画することから「戦略的提携(strategic alliances)」と呼ばれることもある。これらのうち,新技術の研究開発を主な目的とする組織間連携が本章で取り上げる「共同研究開発(R&D collaboration)」である。

1980年代以降,さまざまな目的や内容の組織間連携が活発となっている。**図表7.1**はデータが入手可能な1990年以降の全世界における組織間連携の件数(図表7.1中実線)を示したものである。年により変動はあるものの平均して毎年4,500件弱の組織間連携が実現している。**図表7.1**には共同研究開発(図表7.1中点線)も示されている。共同研究開発は組織間連携全体の14%を占めている。組織間連携と同じ様に年により変動はあるものの平均して毎年630件弱の共同研究開発が実現している。なお参考までに共同研究開発以外の組織間連携として,たとえば共同生産や共同マーケティング,あるいは共同研究開発を伴わない技術ライセンシングがある。なお,**図表7.1**に含まれる組織間連携や共同研究開発を大きく上回る件数の組織間連携や共同研究開発が実際に

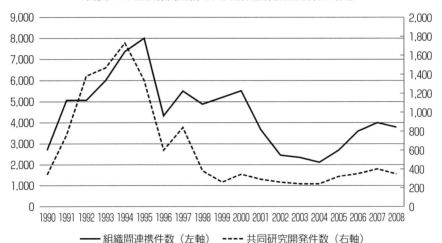

図表7.1■組織間連携と共同研究開発設立件数の推移

出所:Thomson Reuters SDC Platinumのデータから筆者作成。

は世界各地で実現していると考えてよい[2]。

共同研究開発へ参画している組織の多くが北アメリカ，欧州，そして日本の企業であり，これら企業は主に情報通信技術分野，バイオテクノロジー分野，そしてナノテクノロジー分野といった，技術発展のペースが速く付加価値の高い，いわゆるハイテク分野（ハイ・テクノロジー［high-technology］分野）で共同研究開発を行っている。すなわち，共同研究開発の多くがハイテク分野に集中している。

(2) 共同研究開発の必要性

共同研究開発がハイテク分野に集中していることには理由がある。ハイテク分野の技術は高度で複雑な最先端技術である。その技術開発のペースは速い上に，ハイテク分野の製品に必要とされる技術は複数の技術分野にまたがっていることも少なくない。さらに製品のライフ・サイクルの短縮化に伴い，研究開発に投資した費用を回収し収益を享受できる期間が短くなっている。また，5年後，10年後の新製品・サービスに必要な技術がどのようなものかは不明である。しかしその一方で，基礎研究から実用化に至るまでの研究開発期間が10年以上要することもある。それゆえ，市場競争にさらされている企業が製品・サービスに必要な技術を全て社内で研究開発することは難しく，製品・サービスの開発・提供に不可欠な中核技術，あるいは自社が得意とする技術を中心に研究開発活動を行い，比較的重要性が低い技術については必要に応じ外部から調達した方が，企業戦略として妥当な場合もある。しかし，技術によっては自社内にも外部にも存在しないこともある。そのような技術を確保する手段として共同研究開発が位置付けられる。

2　経営学から見た共同研究開発の利点

(1) 連携先組織の知識・技術へのアクセス

同一市場で互いに競争している企業であっても，それぞれの企業の形態（経

営方針や戦略,人材,経営組織等)は各々の創立以来の発展の歴史を反映したものであり,企業により異なっている。すなわち,企業が有する経営資源は独自性が高く,他社が簡単に真似することは出来ない希少なものである(リソース・ベースド・ビュー[resource-based view])。たとえば,サッカーや野球等のチーム・スポーツを思い起こしてほしい。いずれのスポーツにおいても勝利という目的に向け各チームは互いに試合で戦っているが,試合運びや得意とするプレー,あるいはチームを構成する各選手のスキルは各チームの間で異なっている。

　研究開発についても同様である。各企業にはそれぞれ,得意とする分野とそうでない分野がある。得意としない分野についても研究開発に注力することにより,中・長期的に技術力を高めることは可能かもしれない。しかし,製品のライフ・サイクルが短くなっている今日,そうすることは難しい場合がある。さらに一企業が有する経営資源には限りがあるため,幅広い技術分野にわたって最先端技術の研究開発を自社内で行うことは困難である。このような現実に直面する企業は,自社が必ずしも得意としない技術分野については,共同研究開発を通して連携先組織が有する知識・技術にアクセスして自社が有する技術を補完しつつ研究開発を進める必要がある。

(2) **知識・技術の学習促進**

　共同研究開発には知識・技術の学習が促進されるという利点がある。たとえば,新しく趣味やスポーツを始めることにしたとしよう。書店に行けば入門書があり,それに目を通せば一通りのことは理解できる。しかし,楽しむためには一定の習練が必要である場合,そのような机上の学習は効果的ではない。むしろ指導者について実地で練習を繰り返し,基本を体得することが大事である。その基本や技術には完全に文書化することが難しく実際に練習しないと体得できない側面があるからである。

　研究開発,あるいは経営全般についても同様である。その知識・技術は,特許や学術論文,あるいは仕様書のように文書化して第三者に伝達することが可

能な「形式知（explicit knowledge）」と，文書化することが困難であり，実際に自ら試行錯誤を繰り返したり，あるいは実際に既に知識・技術を習得している組織や人と共同で作業したりしない限り，理解し獲得することが難しい部分やノウハウである「暗黙知（implicit knowledge）」に区別される。形式知の例として，成熟した技術，あるいは既に幅広く使用され一般化されている技術があり，その技術を使用する際の前提となる知識やノウハウもまた既に知られている可能性が高い。それゆえ，文書化されたものであっても第三者はそれを理解し再現あるいは活用することが容易である。

対照的に，知識・技術によってはその研究開発に携わった当事者である研究者でも，その技術の特徴や課題等について充分に把握しきれていない場合もあり，第三者に充分に伝わるよう文書化することは難しい。研究開発や製造の現場において限られた研究者や技術者，職人しか再現できないような名人芸といわれるものがそのような知識・技術の例であり，暗黙知の範疇に入るものである。このような知識・技術については既に習得している研究者について研究を進めることが理解する近道である。共同研究開発にはそのような知識・技術の学習機会を提供するという役割がある。

(3) 組織学習能力の拡張・向上

知識・技術の習得には対象に見合うだけの学習能力が必要であるが，学習能力にはその習得過程でそれ自身向上するという性質がある。たとえば，趣味であれスポーツであれ，最初の頃こそスキルの習得に多くの時間と練習量を必要とするものの，一旦始めてしまえば次に新しいスキルを習得するときには最初の頃に比べて，それほど時間と練習量を必要としなくて済む。それはコツに気づき学習能力が向上したからである。

組織についても同様であり，その能力は決して不変なものでも静的なものでもない。組織の学習能力とは組織構成員の知見・能力の有機的な集積であり，製品やサービスの生産や提供のために必要とされる多様な知識・技術の調整と統合に関する組織の集団学習の成果である（コアコンピタンス［core competence］）。

組織が環境に適応し学習する過程で，その学習能力は強化される（ダイナミック・ケイパビリティズ［dynamic capabilities］）。共同研究開発についても同様であり，共同研究開発への参画組織は新しい知識・技術を獲得できるだけではなく，学習能力を強化できる。

(4) 研究開発活動の負担・リスクの分散

研究開発活動の不確実性は高い。全ての研究開発活動から期待どおりの成果が得られる保証はない。あるいは，第三者により画期的な新技術が開発された結果，業界の技術動向が変化し，それまでの成果が充分に活用できなくなるような状況が生じる可能性や，将来的に業界の主流になる技術が不明であるため，研究開発を進める一方で幅広く技術動向を追跡する必要性もある。

研究開発活動が本質的に有する不確実性への対応として共同研究開発は有効である。たとえば，全て自社内で研究開発を進める代わりに，共同研究開発への参画組織の間で研究開発に必要な負担を分担することにより，負担とリスクの軽減につながる。また，負担が軽減されれば，研究開発活動が自社だけで完結する場合と比較してより幅広い技術分野で研究開発を進めることが可能になる。

(5) 複数分野の知識・技術への分散投資

共同研究開発には金融分野の「オプション取引（options）」のような役割もある。オプション取引とは取引形態の1つである。株式市場を例に挙げると，先物取引とオプション取引の対象はいずれも，将来のある時点の株式であるが，先物取引が実際に株式を売買する契約であるのに対し，オプション取引では株式を売買する権利が取引される。権利の価格は株式売買に必要な費用と比較して小さい。先物取引の場合，契約の時点で株式相場の上昇・下降にかかわらず株式を売買する義務が発生する。一方，オプション取引では株式の売買が不利益となる場合は権利を放棄すればよく，先物取引と比較して損失を抑えることができる。

研究開発活動は将来への投資という性格を有するが，自社研究開発と共同研

究開発を比較すると，前者は後者と比較して先物取引のような性格をもつ。自社のみで進めた研究開発が順調に進んだ場合，その成果を独占することが出来る。しかし，反対に有望な成果が得られない場合には，研究開発に要した費用と時間を無かったことにすることは出来ず，その損失を１社で被ることになる。一方，他の参画組織と費用を分担して共同で研究開発を進め，その結果が期待できるものであることが明らかになった場合には，その時点で自社内で本格的に研究開発に取り組むことを選択することが可能である。反対に有望なものでなかった場合には共同研究開発を止めればよいだけであり，その場合の損失は自社の負担のみで済む。さらに，共同研究開発を通して節約できた研究開発費を他の技術分野の研究開発に割り当てることも可能になる。

　このように共同研究開発をオプション取引のように活用することにより，企業は技術の進歩から取り残されるリスクを抑えつつ研究開発への投資を様子見することが可能となり，結果として研究開発活動に伴うリスクが低減される。また，共同研究開発がオプションとしての役割を有していることは，基礎研究や，実用化に向け数多くの課題を解決する必要があるような応用研究といった，技術に対する不確実性が高い状況下において共同研究開発の役割が大きいことを示唆している。

3　経済学から見た共同研究開発の利点

(1)　知識・技術の共有・活用の促進
●市場と企業の境界

　次に経済学の観点から共同研究開発を見ていく。基本的な経済学では，企業を資本や労働等の生産要素から財を生産する生産関数と見なしている。組織形態や人材，技術等を始めとする企業の内部構造は分析対象としない。企業は生産要素と生産される財を通してのみ市場とやりとりするブラック・ボックスとして扱われる。しかし，実際にはこのブラック・ボックスの中身は企業によりさまざまである。市場で類似している製品を提供している競合企業でも，たと

えば，原材料の購入に始まり部品の生産，製品の製造や販売に至る一連の企業活動を全て自社内で行う企業がある一方で，外部から部品を購入し組み立てて製品を製造し販売する企業がある場合がある。このような違いはどこから生じるのだろうか。言い換えれば「市場と企業の境界（boundary between the market and firms）」はどこにあり，どのようにして決定されるのだろうか。

●取引費用理論

このような疑問に対して第6章でふれた「取引費用理論（transaction costs economics）」では市場と企業の境界は，市場における各組織の取引に要する「取引費用」が最小となるようなところで決定されるとされる。この場合の取引費用はいわゆる金銭的な費用に限定されない。手間や時間等を含む。たとえば，企業間で何らかの取引が行われる際，取引開始に先立ち，その対象や条件，取引期間に加え，問題が発生した場合の対応等に関する契約が交わされるが，契約に至るまでの交渉や，取引の遂行において必要が生じた調整の手間や時間等も取引費用に含まれる。

理想をいえば契約は当該取引に係る全ての可能性を網羅した完全なものであった方がよいが，取引内容によっては全ての可能性を網羅することに多大な費用を要する。たとえば，取引の中で生じるかもしれないあらゆる事態の1つ1つについて契約で取り決めることを考えてみればよい。あるいは，取引開始後に契約時点では想定外の事態が生じ，その対応を巡って改めて当事者間で何らかの調整をする必要が生じる場合も出てくるかもしれないが，その調整には費用がかかる。取引内容によっては完全な契約を交わすことが難しく，その場合，取引に係る費用は高くなる。費用があまりに高い場合には取引そのものが実現しない可能性もある。

●知識・技術の取引費用

では，費用を上昇させる要因としてどのようなものがあるのであろうか。代表的な要因として無形資産が挙げられる。無形資産とは資産のうち，物質的な

実体がない資産である。知識・技術，従業員が有するノウハウや技能，あるいは企業文化やブランドは無形資産の一例である。

第2章で述べたように知識・技術は公共財であり，知識のスピルオーバーと言われる正の外部性を有する。すなわち，知識・技術は通常の財と異なり，使用（消費）しても減少も摩耗もせず（非競合性），第三者による利用を妨げることも出来ない（非排除性）。そのため，研究開発活動の成果として得られた知識・技術は，その当事者が独占的に使用することは出来ず，社会で広く自由に使用されうることになる。その結果，研究開発活動の当事者がその知識・技術から享受できる私的な便益と，社会全体がその知識から享受できる社会的な便益を比較すると後者の方が前者よりも大きくなる。

知識・技術が正の外部性を有することは社会の観点からは望ましいことであるが，一方で，第三者が知識・技術の生産活動，すなわち研究開発活動に対する妥当な対価の支払なしに，その知識を入手し，自らの生産活動に活用するただ乗り（フリー・ライダー［free rider］）が生じる可能性を示している。このような状況が自発的に解決されることは難しく，結果として，取引費用が高い状況が生じる。また，研究開発活動に注力する動機が損なわれる。

あるいは，知識や技術が通常の財と同じように当事者間で取引される技術ライセンシングを考えてみよう。技術ライセンシングにおいて技術を「買う」側，すなわちライセンシーは対象となっている技術の詳細が分からない限り，ライセンシングを受けるか否かの判断を下すことも，あるいは技術の使用の対価として妥当と考えられるライセンシング料を見積もることも出来ない。しかし，ライセンシーが取引対象である技術の詳細を知ってしまうと，今度はライセンシングを受ける必要がなくなる。それゆえ，技術を「売る」側，すなわちライセンサーはライセンシングに先立って技術を開示することを躊躇することになる。結果的に技術ライセンシングが成立しない可能性が生じる。実際のライセンシングでは事前に当事者間で秘密保持契約を締結した上で交渉に入るが，いずれにせよ，ライセンシングにおける取引費用は高く，社会全体の観点からは知識・技術が充分に活用されないままとなる可能性がある。

●共同研究開発の役割

 取引費用理論によると，共同研究開発には知識・技術がもたらす取引費用の上昇を抑制する役割がある。なぜならば，共同研究開発は，市場でもそれ自身で完結している組織でもなく，市場と組織の中間に位置するものであるので，その成果である知識・技術の共有を容易にし，参画組織が全体として有効に活用することを可能にするからである。すなわち，共同研究開発により知識・技術が本質的に有する問題が軽減し，研究開発活動が促進される。

(2) 知識・技術生産の活性化
●産業組織論

 取引費用理論の他に共同研究開発を分析する経済理論として「産業組織論 (industrial organization)」がある。産業組織論では市場の効率性の観点から「ゲーム理論 (game theory)」により企業行動が分析される。先に知識・技術は公共財であること，そして，研究開発活動は社会の観点から有益な活動であるものの，ただ乗りの可能性が原因で研究開発活動に注力する動機が損なわれる可能性があることを指摘した。これはすなわち，社会の観点から望ましいと考えられるよりも低い水準の研究開発活動しか実際には行われない可能性があることを示している。

 ここで複数の企業がそれぞれ独自に研究開発を行い，その結果互いに類似する成果が得られた場合を考えてみよう。仮にこれらの企業が共同して研究開発を行い同じ結果が得られたとして両者を比較すると，前者は，個々の企業の研究開発には互いに重複があること，すなわち過大水準の研究開発活動が行われており，社会の観点からは必ずしも効率的とはいえない状況である。

●企業行動のモデル

 市場における企業行動に影響を与えうる社会的要因は多い。また，各々の要因が企業の意思決定に与える影響の度合いは大小さまざまである上に，これら要因は相互に影響を及ぼしつつ，複合的に企業行動に影響を与えている。これ

ら全ての要因を考慮しつつ企業行動を分析することは現実的ではない。そこで，産業組織論を始め経済学では企業行動を分析する際，最も重要である要因を抽出し，これら要因を踏まえていわば企業行動の模型であるモデルを設定して企業行動を分析する。

モデルとして消費者の立場からは互いに競合する製品間で大きな相違がないコモディティ化が進んだ市場を想定しよう[3]。たとえば複数の企業が競争しているテレビやエアコン等の家電製品市場について考えてもらえば，これは妥当な想定である。さて，このような市場で利益を確保するためには，製品・サービスの生産費用の低減と品質の安定化が重要であり，企業はそのための研究開発を行う必要がある。競合製品間に大きな違いがなければ，それぞれの競合企業が製品の生産に使用している技術もまた，企業間で類似する技術であると考えてよいだろう。これは競合企業が互いに他社の知識を活用できる可能性があること，すなわち，知識のスピルオーバーが存在することと同じであり，先に指摘したように社会の観点から望ましいと考えられる水準よりも低い水準の研究開発活動しか行われえない状況に相当する。

●共同研究開発の役割

産業組織論によると，このような状況下における共同研究開発の役割は次の通りであることが分かっている。知識のスピルオーバーが存在する場合，共同研究開発は企業の研究開発活動を促進する。さらに共同研究開発への参画企業間で充分に知識が共有されている場合には一層，研究開発活動が促進され，知識・技術が大量に生産される。なぜなら，1社だけならば社内で充分に活用されないまま知識のスピルオーバーとして社外に流出しうる知識・技術が共同研究開発に参画している企業全体として有効に活用されるようになるため，研究開発投資からの収益が上昇するからである。

| コラム7.1 | ポイボス・カルテル |

　現在，世界各国で白熱電球からLED電球や電球型蛍光灯への切り替えが進んでいる。白熱電球は，1880年頃に発明家のエジソンによりフィラメントに京都の竹を用いた長寿命を実現し実用に耐えうるものが開発されて以来，さまざまな技術改良を経て130年余りにわたり使われてきた。エジソンによって開発された当時，白熱電球の寿命は高々数十時間であったが，その後の技術改良の積み重ねの結果1920年頃には1,500～2,000時間まで延び，2,500時間を超えるものもあった。しかし，その後は反対に白熱電球の寿命は短くなり，1930年代には1920年頃の3分の2の1,200時間まで短くなった。

　白熱電球の短寿命化の背景として国際的な技術カルテルである「ポイボス・カルテル（Phoebus Cartel）」の活動が指摘されている。ポイボス・カルテルはオスラム（ドイツ）の提案によりフィリップス（オランダ）やゼネラル・エレクトリック（米国）等の世界的な企業が集まった1924年の会合をきっかけとして設立されたカルテルであり，消費者の利益に向けた白熱電球の生産体制確立を設立趣旨としていた。日本からも1社が参画していた。

　しかし，カルテルの主な活動は設立趣旨とは異なるものであった。カルテルは参画企業に1,000時間で確実に寿命を迎える白熱電球の生産を要求し，各企業から送られる白熱電球サンプルの寿命を検証した。白熱電球の寿命がカルテルの要求を満たさない企業は罰則金の支払いが求められた。参画企業は白熱電球の短寿命化に向け真剣に研究開発に取り組んだ。

　マーケティング手法の1つに「計画的陳腐化（planned obsolescence）」という手法がある。これは意図的に寿命を短縮するような製品設計，あるいは消費者に旧製品の陳腐化を感じさせるような販売戦略により，製品の販売を促進することを目的とするものである。白熱電球の短寿命化は計画的陳腐化の一例である。

　ポイボス・カルテルの活動範囲は白熱電球の短寿命化だけでなく，販売や規格の統一にも及んでいた。参画企業が販売割当枠を超えて白熱電球を販売した場合には罰則金の支払いが求められた。また，電球ソケットの規格E26/E27はエジソンにより提唱されたものがポイボス・カルテルの活動の結果，世界共通の規格となったものである。

　ポイボス・カルテルは設立6年後の1940年にはその実効性を失った。白熱電球の市場の成長に伴うカルテル参画企業の市場支配力の低下，ゼネラルエレクトリック保有の白熱電球に関する基本特許の特許権失効，そして第二

世界大戦が始まったためカルテル参画企業間で協調することが不可能になったためである。
出所：(Krajewski, 2014)

4 共同研究開発がもたらす問題

(1) 知識・技術の漏えい，ただ乗り

　ここまで説明してきたように共同研究開発は企業と社会の両方の観点からみて利点を有することが分かった。しかし，共同研究開発に全く問題がないわけではない。

　たとえば，第2節では企業の観点からの共同研究開発の利点として連携先組織の知識・技術へのアクセスを挙げたが，その前提として共同研究開発の参画企業には技術的課題の解決に向けて他の参画企業に知識・技術を開示することが求められる。しかしその一方で，必ずしも開示することを意図していなかった自社の知識・技術までも漏えいしてしまう可能性がある。とくに参画企業がそれぞれ有する関連する知識・技術が互いに類似している場合，漏えいの可能性が高い。あるいは，一部の参画企業が共同研究開発に充分貢献せず，他の参画企業の成果にただ乗りする可能性もある。

(2) 技術カルテル，標準化カルテルの可能性

　経済学では，市場において企業が競争している状態が効率がよく望ましい状態である。このような競争的な市場において企業は競合に優る価格や品質を有する製品・サービスを提供するべく努力しており，そのために研究開発活動は重要な役割を担っている。すなわち，市場競争には研究開発面の競争という側面がある。それゆえ，共同研究開発への参画には研究開発面の競争の回避という一面があると考えられなくもない。

　実際，研究開発活動に割り合てられる経営資源は大きい。一般に，企業ある

いは産業レベルで，どの程度，研究開発活動に注力しているかを検証する指標として「研究開発費売上高比率（R&D intensity）」が使用される。日本における企業研究開発費の90％以上を占める製造業の研究開発費売上高比率は平均4.81％である[4]。企業あるいは産業によっては研究開発費売上高比率が10％～20％に至るところもある。研究開発面の競争を回避できれば研究開発費を抑制することが出来，その結果，少なくとも短期的には業績をよく見せることが可能になると考える企業が出てくるかもしれない。

　あるいは新技術を使用した新製品が市場に出ると，旧製品の販売が振るわなくなってしまう。それゆえ，企業の観点からは互いに新技術や新製品の開発を抑制する取り決めする動機を否定することはできない（技術カルテル［R&D cartel］コラム7.1参照）。当初は研究開発の負担やリスクの軽減等を目的として開始された共同研究開発が，やがてこのような技術カルテルに変化し，競争を制限してしまう可能性がある。

　各社の製品・サービス，部品の互換性や接続性を確保するための規格・技術の標準化には，製品・サービスの価格低減や品質向上につながる，市場における企業間の競争を促進する役割がある。技術の標準化を促進する取組として共同研究開発は有効である。しかし，共同研究開発への一部の企業の参画が制限される場合，競争の制限につながる可能性がある（標準化カルテル［standardization cartel］）。

　このように共同研究開発は研究開発活動を促進する役割を有する一方で，新しい技術や製品の開発や普及を阻害する可能性も潜在的に有していることから，本節冒頭で触れたように，独占禁止法を運用している公正取引委員会は共同研究開発について指針を設けているのである。

(3)　**多市場接触**

　技術が複雑化すると同時にその開発ペースが加速化している今日，自社だけでは対応できない技術へのアクセスや開発を目的に，たとえば1回だけ共同研究開発に参画するようなことは考えにくい。むしろ，必要に応じ繰り返し共同

図表7.2■共同研究開発参画回数上位10社（1990-2008）

順位	企業（親企業）	参画回数
1	IBM（米国）	322
2	ヒューレット・パッカード（米国）	171
3	AT&T（米国）	168
4	マイクロソフト（米国）	168
5	ロシュ（スイス）	130
6	モトローラ（米国）	125
7	日本電気（米国）	122
8	シーメンス（ドイツ）	119
9	ゼネラル・モーターズ（米国）	119
10	日立製作所（日本）	111

出所：Thomson Reuters SDC Platinumのデータから筆者作成。

研究開発に参画すると考えるのが自然である。過去に共同研究開発から成果を得ることが出来た企業の場合，なおさらその傾向が強いであろう。

世界で事業を展開している多国籍企業の場合，直接あるいは子会社を通して間接的に複数の共同研究開発に同時に参画することもありうる。**図表7.2**は**図表7.1**と同じデータから1990～2008年の間の共同研究参画回数を企業（親企業）別に集計し，上位10社を示したものであるが，最上位のIBMは合計で322回，共同研究開発に参画している。これは年平均17回に相当する。また，製薬企業のロシュ（第5位）と自動車企業のゼネラル・モーターズ（第9位）を除く他の8社は全て情報通信分野で事業を展開している企業である。すなわち企業が互いに共同研究開発を通して繰り返し協業している可能性がある。

企業同士が複数の市場で競争しているような状況を「多市場接触（multi-market contact）」と呼び，企業間のカルテルを誘発する可能性があることが指摘されている。研究開発についても，共同研究開発が多市場接触と同じような状況をもたらし，競争の観点からみて好ましくない問題を引き起こす可能性がある。たとえば，共同研究開発を通して繰り返し協業することにより，競合企業が互いの市場戦略・意図について知りうる可能性がある。その結果，製品市場において相互に棲み分けを図るといった暗黙的談合を招く可能性がある。あるいは，将来も共同研究開発を通して繰り返し協業する可能性があることから，

図表7.3■共同研究開発の利点と問題

理論的枠組	共同研究開発の利点	共同研究開発の問題
経営学	研究開発の負担とリスクの分散 連携先組織の知識・技術へのアクセス 知識・技術の学習の促進 組織学習能力の拡張・向上 複数技術・分野への分散投資	知識・技術の漏えい ただ乗り（フリー・ライダー）
経済学	知識・技術の共有と活用の促進 研究開発活動への過少投資問題の緩和 研究開発活動，知識・技術の生産の促進	新技術・製品の開発・普及の阻害（技術カルテル） 研究開発活動の抑制 多市場接触（カルテルの潜在的可能性）

出所：筆者作成。

各々の企業が必ずしも競争的ではないような協調的行動をとるかもしれない。

最後に本章のまとめとして**図表7.3**に共同研究開発の利点と問題を整理したものを示す。

❖注

1　公正取引委員会「共同研究開発に関する独占禁止法上の指針」，平成22年1月1日改定。

2　図表7.1の情報源であり，組織間連携に関する研究分野の代表的なデータベースであるThomson Reuters SDC Platinumは英語による各種出版物・報告書等から情報を収集しているため，収集した情報に偏りがある。さらに，情報収集源である新聞や雑誌等は，紙（誌）面に限りがあるため，社会的に大きな影響があり，ニュース価値が高いと考えられる組織間連携しか掲載しない。

3　ここで取り上げるモデルは産業組織論で共同研究開発を分析する際に多用されるモデルであるクールノー・モデル（Cournot model），あるいはベルトラン・モデル（Bertrand model）である。他のモデルとして，研究開発の成果が先行企業に独占されるという前提に立つトーナメント・モデル（tournament model）がある。

4　経済産業省（2014）「平成25年企業活動基本調査確報─H24年度実績」。

❖ ディスカッション問題

1. 最近の新聞等の報道から共同研究開発（共同研究，共同開発を含む）の事例を探しなさい（目安として3～5件）。見つけた事例について分かる範囲で次の項目をまとめなさい：目的（対象），概要，期間（開始時期），参画企業（組織）とその主な事業分野及び規模。まとめたものを踏まえ，個々の事例について参画企業にとっての利点を考察しなさい（図表7.3参照）。共同研究開発がもたらす問題についても考察しなさい。
2. 共同研究開発がもたらす利点（図表7.3参照）のそれぞれについて「基礎研究における共同研究」と「製品開発に向けた共同開発」のどちらが，より恩恵を受けるか考察しなさい。共同研究開発がもたらす問題についても同様に考察しなさい。
3. 共同研究開発がもたらす利点（図表7.3参照）のそれぞれについて，「同業者同士の水平的共同研究開発」と「サプライヤー（原材料や部品の生産者）との垂直的共同研究開発」のどちらが，より恩恵を受けるか考察しなさい。共同研究開発がもたらす問題についても同様に考察しなさい。

❖ 参考文献

Mintzberg, H., Ahlstrand, B. & Lampel, J. B. (2008) *Strategy Safari: The Complete Guide Through the Wilds of Strategic Management* (2nd ed.), Pearson Education, UK.（齋藤嘉則監訳（2012）『戦略サファリ—戦略マネジメント・コンプリート・ガイドブック（第2版）』東洋経済新報社）．

Krajewski, M. (2014) "The Great Lightbulb Conspiracy", *IEEE Spectrum*, Vol.51, No.10, pp.50-55.

岡室博之（2009）『技術連携の経済分析—中小企業の企業間共同研究開発と産学官連携』同友館．

小田切宏之（2006）『バイオテクノロジーの経済学—「越境する」バイオのための制度と戦略』東洋経済新報社．

長岡貞男・平尾由紀子（2013）『産業組織の経済学—基礎と応用（第2版）』（第11章）日本評論社．

第8章 イノベーションとアントレプレナーシップ

1 アントレプレナーシップの定義・役割

(1) 「アントレプレナーシップ」とは?

　今日の経済活動は，多くのアントレプレナーによって支えられている。現在は世界を席巻しているアップルやグーグルといった有名企業も，当初からトップ企業として君臨していたわけではなく，乏しい資源をもとに何人かのファウンダー（創業者）だけで小規模なビジネスからスタートしている。日本発の世界的なオートバイおよび自動車メーカーであるホンダは，戦後間もない頃に創業者である本田宗一郎によって設立されたが，当初は浜松にある町工場を拠点とする小さな企業であった。今日われわれが日常的に使用するコンピューターやスマートフォン，自動車といった高度な技術を必要とする製品の登場には，いずれもアントレプレナーが大きな役割を担ってきたことは明らかである。アントレプレナーが持つ「アントレプレナーシップ：起（企）業家精神」こそが，イノベーションの創出の原動力となっている。

　アントレプレナーシップとは，さまざまな定義が可能だが，バイグレイブとザカラキス (2009) は，「事業機会を実現するために行う組織作りや事業機会を認識することに伴う活動，行動，そして機能のすべて」と定義した。スチーブンソン (Howard Stevenson) とガンパート (David Gumpert) は，アントレプレナーシップとは，「イノベーティブで (innovative)，ダイナミックで (dynamic)，リスク負担で (risk taking)，創造的で (creative)，成長志向であること (growth-oriented)」と定義した (Stevenson & Gumpert 1985)。この意味

で，アントレプレナーシップは広義にとらえれば，単に新しい会社を作ることだけを意味するわけではない。コーポレート・ベンチャー（corporate venture）のように，既存企業内における新しい事業創造は，アントレプレナーシップ（「企」業家精神）が欠如していれば生まれない。しかし，アントレプレナーシップをあらわす典型的な形態が「開業」であることから，本章では，「開業」を念頭に，狭義のアントレプレナーシップ（「起」業家精神）について議論していくことにしたい[1]。

(2) なぜ「アントレプレナーシップ」が重要なのか

では，なぜ「アントレプレナーシップ」が重要なのかを考えていきたい。アントレプレナーシップの典型である「開業」とは，新規に事業を開始し，その運営のための新しい組織，すなわち「スタートアップ企業」を設立することを意味する[2]。つまり，開業は，これまで存在していなかった新しい企業が市場に登場することを意味するので，既に市場に存在している企業（既存企業）にとっては新たな脅威（競争相手）となり得る。ミクロ経済学の教科書で学習するように，今日の経済活動は，「競争」を通じた市場メカニズムの働きに依存しており，効率的な資源配分が行われるためには市場に多くの参加者が存在することが重要である。より正確には，スタートアップ企業の市場への参入は，市場における参加者同士の競争を促進する上で欠かせない現象として捉えることができる。実際に，たとえば，既存企業がこれまでと同じ価格で製品を販売したいと考えても，より低価格で販売する企業が新たに市場に登場すれば，既存企業が高い価格を維持することは難しい。したがって，スタートアップ企業の登場は，市場における競争を通じた市場メカニズムの維持という観点から望ましい。

また，スタートアップ企業の登場によって，既存企業による製品やサービスに取って代わる新製品・サービスが出現する可能性が高く，「イノベーションの創出」においてスタートアップ企業が果たす役割が大きいことは多くの調査において明らかにされてきた[3]。スタートアップ企業にとっては，既存企業が

扱っている製品・サービスと同じものを提供していては競争に勝ち目がない。そのため，スタートアップ企業は新しい製品やサービスを考案することで新規参入しようとするのである。したがって，スタートアップ企業の登場は新製品やサービスの出現と強く関連すると考えられている。

スタートアップ企業の登場は，「雇用の創出」とも深く関連している。2011年の『中小企業白書』によれば，2004年から2006年までに創出された雇用に関して，存続事業所と開業事業所の割合を比較したとき，雇用創出の約6割は開業事業所によるものであったことを明らかにしている。これは，新規事業の登場が雇用創出で大きな役割を果たしていることを示している。また，近年の欧米の研究者を中心とする実証研究によって，スタートアップ企業が多く設立されている地域では，そうでない地域と比較して，雇用成長率が高いという分析結果が報告されている。スタートアップ企業の登場は雇用創出につながるため，開業促進は，政府の経済政策にとって重要な課題である。とりわけ，イノベーティブで成長ポテンシャルをもつスタートアップ企業は，自身の成長だけでなく，研究成果のスピルオーバー（波及）が期待されるため，より積極的な支援が求められる。

このように，開業によるスタートアップ企業の登場は，市場における競争を促進し，イノベーションを生み出し，雇用を創出する上で重要な役割を果たす。経済成長の観点から，開業をいかに促進するかが重要な問題として広く認識されている。実際，第二次安倍内閣による経済財政政策である「アベノミクス」の第三の矢と呼ばれる成長戦略では，「産業の新陳代謝とベンチャーの加速」が掲げられており，開業促進による経済成長に大きな期待が寄せられている。

(3) 日本における「アントレプレナーシップ」

前節までは，アントレプレナーシップの定義および役割について考えてきた。ここでは，日本においてアントレプレナーシップがどの程度の水準にあるのかを明らかにするため，日本の「開業」状況を考察することにしたい。まず，図表8.1では，OECD諸国における開業率と廃業率が示されている。国際的に

図表8.1 OECD諸国における開業率と廃業率

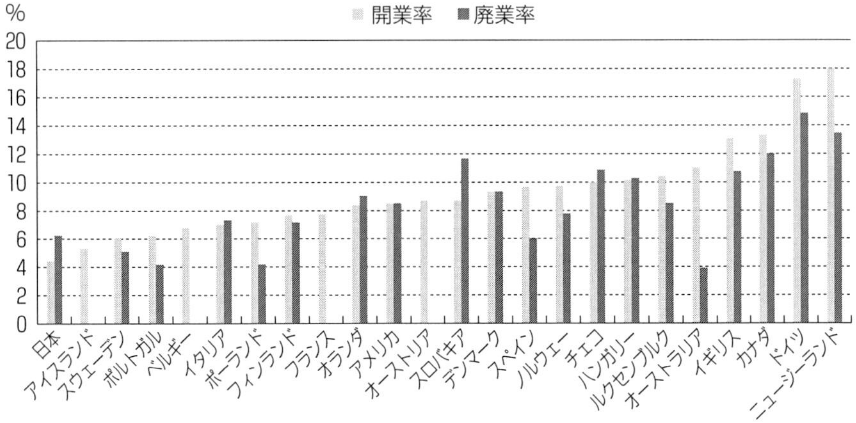

注：開業率と廃業率は，それぞれ全企業数に占める新規開業数および廃業数として計算。2003年以降で調査時点までに入手可能な時点で計測されている。
出所：OECD Science, Technology and Industry Scoreboard 2007, p.81.

みて日本の開業がどの程度活発なのかを示している。ここで示されているように，日本の開業率はわずか4％程度で，他の先進諸国と比較すると非常に低いことがわかる。アメリカと比較すると半分程度であり，とりわけ開業率の高いニュージーランドやドイツ（ともに18％程度）と比較すると，いかに日本の開業率が低い水準であるかが見て取れる。また，日本の開業率は，その低さと同時に廃業率を下回っていることにも注目したい。このことは，市場における企業数が減少することを意味し，経済活性化の観点からは望ましいとは言えない。

図表8.2では，近年の日本の開業率と廃業率の推移が示されている。1980年代から近年にかけて開業率が廃業率を下回っている状態が長期的に続いており，2006年から2009年の間の開業率は2％まで落ち込んでいる。これらの点から，日本における近年の開業状況は活発であるとは言い難い。

他方で，国際的なアントレプレナーシップの状況を調査・研究する「グローバル・アントレプレナーシップ・モニター（Global Entrepreneurship Monitor：GEM）」では，開業の意志を持つ者の比率や失敗に対する脅威を有する者の比率など，開業全般に対する意識について幅広い項目が各国協力の下で分析され

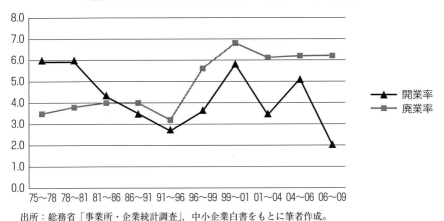

図表8.2 日本の開業率と廃業率（企業ベースの集計）

出所：総務省「事業所・企業統計調査」，中小企業白書をもとに筆者作成。

ている。この調査によれば，開業活動の水準を示す様々な指標において，日本は先進諸国と比較して相対的に下位に位置しているという結果が報告されている。とりわけ，総合起業活動指数（Total early-stage entrepreneurial activity：TEA）と呼ばれる，開業活動の初期における開業活動の水準は3.7となっており，アジア平均（12.4）を大きく下回り，アメリカ（12.7）やイギリス（7.1）などの先進諸国と比較しても低水準であることが示されている[4]。逆に，高橋他（2013）において，日本の開業活動指数は低いものの，将来的な開業意思を有する層の中では米国と比較しても同等の活動水準であることが示されている。

2　アントレプレナーの特徴

(1) 誰がアントレプレナーになるのか

第1章で紹介したシュンペーターは，生産要素の新しい組み合わせ（新結合）により，新しい事業を創造し，イノベーションを遂行する者として「アントレプレナー」の役割に注目した。シュンペーターの議論以降，アントレプレナーこそがイノベーションの担い手であることは広く認識され注目されてきた。

他方で，アントレプレナーになることは，多くのリスクを負うことを意味す

る。前節で言及したスチーブンソン・ガンパートによれば，アントレプレナーと「普通の経営者」は本質的に異なっている。彼らは，まず経営者を2つに分類し，「プロモーター（promoter）」タイプと「トラスティー（trustee）」タイプがあるとした。前者は，「機会」を捉える自分自身の能力に自信を持ち，市場の変化に対して単に適応しようとするだけでなく，その変化を利用して何か起そうとする経営者である。アントレプレナーはこのタイプにあたる。後者は，変化や未知のものを脅威と捉え，予測可能性が高いほど既存の資源をうまく活用し，予測が難しいものであればうまく活用しない。「普通の経営者」がこのタイプにあたり，管理者（administrator）に過ぎないことが強調される。また，個人間のリスクへの態度の違いに着目し，アントレプレナーになる人はリスク選好的（risk-loving）であり，リスク回避的（risk-averse）な人はアントレプレナーになろうとしないという見方もある。このように，アントレプレナーは，単に企業を経営する者としてだけではなく，冒険的でリスクを負うことを怖れない性質を有しているとしばしば見られている。

　実際に，スタートアップ企業の多くは，開業後数年以内に廃業することが知られているように，開業のリスクは小さくない。アントレプレナーの特徴については，「不確実性」という観点において賃金労働者と対比することで明確になる。賃金労働者は，労働供給する代わりに雇用者から賃金を得るが，雇用者である企業が存続する限りは，安定的な所得が約束される。この意味では賃金労働者は確実性が相対的に高い。逆に，アントレプレナーは，自分自身の企業が成功して利益を得ることによってのみ所得を得られるため，アントレプレナーという職業選択は相対的に不確実性が高いと言える。

　では，現実にどのような動機で誰が「開業」という意思決定を行うのだろうか。図表8.3には，アントレプレナーの開業動機に関する調査結果が示されている。この図から，「自由に仕事がしたかった」が最も大きな開業動機となっていて，それには及ばないものの「収入を増やしたかった」もきっかけの1つとなっている。必ずしも経済的な理由だけが開業動機となっているわけではなく，自己実現や社会貢献といった非経済的な理由も開業のきっかけとなっ

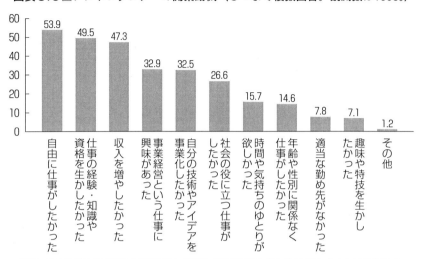

図表8.3 アントレプレナーの開業動機（3つまで複数回答。観測数は1608。）

出所：日本政策金融公庫総合研究所編（2014）「新規開業白書」（同友館）をもとに筆者作成。

ていることは注目に値する。

次に，実際のアントレプレナーはどのような個人属性をもっているのか。図表8.4は，アントレプレナーの個人属性について，年齢，性別，学歴，職歴に関する統計をまとめたものである。まず，年齢に関しては，開業時の平均年齢は41.7歳で，30歳代で開業する割合が約40％と最も高く，次いで，40歳代，50歳と続いている。性別に関しては，男性アントレプレナーの割合が約85％で，女性アントレプレナーは15％に留まっている。学歴に関しては，38％のアントレプレナーの最終学歴が「大学・大学院」であり，他と比べて最も割合が高い。開業直前の職業は，約45％のアントレプレナーが「正社員・職員（管理職）」と最も割合が高く，あらゆるタイプの正社員・職員をすべて合わせると全体の80％を超える。他方で，非正社員だった者が開業する割合も約9％に上ることが示されている。最後に，開業前に現在の事業と関連する仕事をした経験（斯業経験）を有するアントレプレナーの割合は約86％となっており，アントレプレナーの多くが開業前に何らかの関連業務に携わっていたことが明らかになっている。

図表8.4 ■アントレプレナーの個人属性

項目		集計結果
年齢	年齢構成	
	29歳以下	8.1%
	30-39歳	40.2%
	40-49歳	29.8%
	50-59歳	15.5%
	60歳以上	6.5%
	平均年齢	41.7歳
性別	男性	84.9%
	女性	15.1%
最終学歴	中学	3.0%
	高校	30.4%
	専修・各種学校	23.9%
	短大・高専	4.8%
	大学・大学院	37.8%
	その他	0.1%
開業直前の職業	会社や団体の常勤役員	10.7%
	正社員・職員（管理職）	44.7%
	正社員・職員（管理職以外）	28.8%
	非正社員	8.8%
	その他	7.1%
斯業経験	経験あり	86.1%
	経験なし	13.9%
	平均経験年数（経験者のみ）	14.5年

出所：日本政策金融公庫総合研究所編（2014）［前出］をもとに筆者作成。

(2) いつアントレプレナーは登場するのか

　アントレプレナーはいつ登場するのか。ここでは，アントレプレナーが登場しやすい産業特性およびマクロ経済特性について考えることにしたい。

　まず，どのような産業でアントレプレナーは登場するのか。これまで，産業特性と新規参入（開業数）の関係に関しては，産業組織論の分野において多くの分析が行われてきた[5]。とりわけ，新規参入が産業利潤率にどのような影響を受けるのかについては理論的・実証的に多くの研究の蓄積がある。また，利潤の水準に関わらず，参入障壁が高い産業では新規参入があまり起こらない可能性が高い一方で，参入障壁が高い産業においても将来の市場成長が見込める場合は参入が活発に行われるかもしれない。産業における利潤率，参入障壁の

程度，市場の成長性などさまざまな産業特性が新規参入と関連している。

たとえば，本庄・小田切（1995）による日本の製造業に関する分析によると，市場の成長性が高くや規模が大きいほど新規参入が起こりやすい傾向にあり，逆に，規模の経済性や必要資本量が高い産業ほど参入が起こりにくいことが明らかになっている。また，クレッパー（Steven Klepper）の研究では，個々の産業の発展プロセスをその誕生から成熟期に至るまで長期的な分析をしたところ，産業初期には新規参入が起こる傾向があることが示されている。たとえば，**図表8.5**で示されているように，クレッパーによるアメリカの自動車産業の発展に関する研究では，産業創生期にはほとんど企業が存在していないが，次第に参入者数が増加し，ピーク時の企業数は200を超えるほど競争的になっていることがわかる。しかし，ピーク時から約20年の間に10分の1程度にまで企業数が減少している。このように，産業の発展プロセスにおいて企業が誕生しやすい時期とそうでない時期があることは良く知られている。

次に，どのようなマクロ経済的な環境で新しい企業が誕生しやすいのか。原田（2002）は，潜在的開業者（開業したいと考えている層）に着目し，失業率

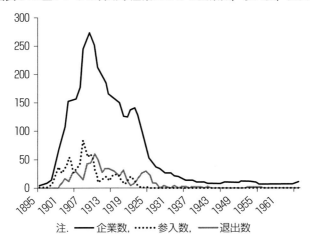

図表8.5 アメリカ自動車産業における企業数，参入数，退出数

注．——企業数，……参入数，――退出数

出所：Klepper, S.（2002）The Capabilities of New Firms and the Evolution of the US Automobile Industry, *Industrial and Corporate Change*, 11, pp.645-666.

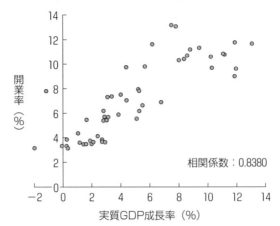

図表8.6 開業率とGDP成長率の関係

出所：本庄裕司・原田信行（2009）「開業のダイナミクス―開業研究の展望と法人設立登記にもとづく実証分析―」，『企業研究』第15号，pp.39-63，中央大学企業研究所。

が高い都道府県ほど潜在的開業者比率が高いことを示した。また，本庄・原田（2009）は，開業率と実質GDP成長率の間に正の相関（相関係数は0.838）が存在することを明らかにしている（**図表8.6**を参照）。また，海外の研究においては，ファン・ステルらは，前節で取り上げたGEM調査データを用いて，先進諸国内における国レベルの開業活動の水準を示すTEA指標と経済成長との間には正の相関があることを見出している（van Stel et al. 2005）。これらの研究結果は，開業活動と経済成長が一定の関連性を持つことを示唆していて，経済成長のための開業支援の必要性の根拠となり得るだろう。

3 アントレプレナーの直面する課題

(1) 資金調達の問題

スタートアップ企業の多くは，開業後まもなく退出すると言われているが，その理由としてスタートアップ企業は，既存企業と異なり，資源や経験が乏しく，さまざまな面で困難に直面することがしばしば議論されてきた。企業は，

新たな事業を始めるにあたっては、さまざまな資源を必要とする。資金や人材を集め、オフィスを構え、必要に応じて各種設備を整えるなどさまざまな準備が必要となる。では、実際にアントレプレナーはどのような問題に直面しているのだろうか。**図表8.7**には、スタートアップ企業が実際に「開業時に苦労したこと」に関する調査結果が示されている。最も高い割合でスタートアップ企業が直面しているのは、「資金調達」に関する問題である。これに、「顧客・販路の開拓」「財務・税務・法務に関する知識の不足」「従業員の確保」が続いている。ここでは、アントレプレナーが開業時に最も苦労する問題である「資金調達」に焦点をあててその背景と原因について詳しく見ていくことにする。

アントレプレナーが開業時に資金調達において苦労する背景に、スタートアップ企業と貸手である金融機関との間に存在する「情報の非対称性 (information asymmetry)」の問題が挙げられる。貸手である金融機関などが持っているスタートアップ企業やその事業内容に関する情報量は、アントレプレナー自身が持っている情報量と比べると少ない。借手と貸手の間の情報の非対称性の存在は、開業時に限った話ではないが、スタートアップ企業は活動実

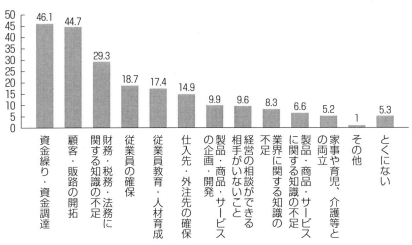

図表8.7 開業時に苦労したこと

出所：日本政策金融公庫総合研究所編（2014）[前出]をもとに筆者作成。

績がなく，その企業や経営者に関する情報が絶対的に少ない。そのため，スタートアップ企業は，既存企業と比較して相対的に情報の非対称性の問題が顕著であると考えられる。この問題のために，アントレプレナーは開業時に必要とする資金をうまく調達できない。

　図表8.8では，開業時の資金調達先に関する調査結果が示されている。最も多くのアントレプレナーが開業時の資金調達先として，自己資金を挙げている。実に，全体の80％以上のアントレプレナーが自己資金を利用している。次いで，民間金融機関からの借り入れ，家族，親戚，友人からの借り入れ，出資が挙げられている。言うまでもなく，開業時点では活動実績がないため，内部留保による資金調達ができない。したがって，「内部金融」（internal finance）の方法としてはアントレプレナーの自己資金に頼らざるを得ないというわけである[6]。内部金融で足りない部分は「外部金融（external finance）」を利用するしかないが，過去の活動実績がないために投資家からの信用度は低く，株式や社債などによる直接金融による資金調達は極めて困難である[7]。

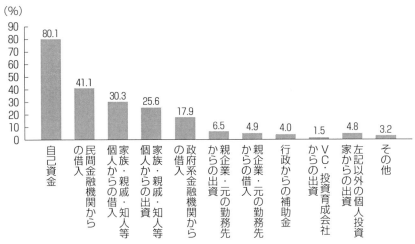

図表8.8 ■スタートアップ企業の開業時の資金調達先

注：複数回答のため合計は100を超える。
資料：中小企業庁「中小企業創造的活動実態調査」10年12月。

図表8.9 ■開業時の資金の過不足（％）

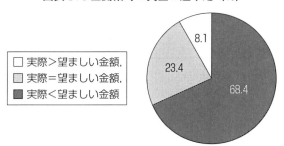

注：開業時，実際にかかった費用と，望ましいと考える費用との比較。平成3年以降の調査。
資料：中小企業庁「中小企業創造的活動実態調査」10年12月をもとに筆者作成。

　また，**図表8.8**で示されているように，開業時の資金調達方法として「ベンチャー・キャピタル」などからの出資金は極めて限定的である。リスク・キャピタルとしてのベンチャー・キャピタルによる投資が普及していない現状では，開業時にはアントレプレナーの自己資金，家族・親戚，友人に頼らざるを得ないと言えるだろう。

　また，資本市場の不完全性（capital market imperfections）の下では，アントレプレナーが自らの経営能力や将来の事業状況を正確に予測して，自身が必要な資金を貸手に求めたとしても，必ずしも希望するだけの資金を貸手が提供してくれるわけではない。貸手との間に情報の非対称性が存在するために，いくら有能なアントレプレナーであっても，希望するだけの資金を調達できないことがある。実際に，7割程度のアントレプレナーが望ましい金額を調達できていないという調査結果（**図表8.9**）が示しているように，開業時には資金調達で苦労することがよく知られている。

(2) イノベーションのための資金調達

　アントレプレナーは，開業時に思うように資金調達ができないことは既に議論してきたが，ここでは特にイノベーションのための資金調達に焦点を当てる。イノベーションを実現するためには，研究開発を行う必要があるが，他の活動と比べて研究開発は高いリスクを伴う。そのため，研究開発のための資金を調

達することはとりわけ困難であることがしばしば指摘される。日本製薬工業協会のホームページによると，当協会のメンバー17社のうち1992年から1996年の5年間で自社開発に成功した新薬の合計が53件（成功率は約6,000分の1）であり，1社当たり1年間に1件も開発に成功していない。また，1品目当たりの研究開発費は150〜200億円かかるという。多額の研究開発投資を行ってもイノベーションに結びつく可能性が極めて小さい。したがって，研究開発のために出資や投資をすることはリスクを伴う。

さらに，研究開発に関する情報開示は企業にとってリスクが高く，ライバル企業に新製品や新技術に関して知られたくないため，正確な情報を外部（貸手を含む）に提供するインセンティブを持たないかもしれない。貸手が新事業について充分な情報を得られないため，情報の非対称性の問題はハイテク産業においてとりわけ顕著であることがしばしば指摘されている。したがって，いくら高い水準の技術や製品が開発される見込みがあったとしても，希望通りの資金が集まらない可能性がある。

スタートアップ企業にとっては，研究開発のための資金を調達することはとりわけ困難である。なぜなら，既に議論したように，これまでに活動実績がないために前期までに蓄積された利益を研究開発のために使用できないからである。したがって，研究開発志向をもつスタートアップ企業は，資金調達において困難を極める。

これまで見てきたように，スタートアップ企業は資金調達，とりわけ研究開発のための資金調達においては大きな困難に直面する。そのため，本来ならばリスク・キャピタルとしてのビジネス・エンジェル（以下，エンジェル）やベンチャー・キャピタル（VC）の役割に期待がかかるところである。一般的には，どちらかというと，エンジェルは開業初期の企業に対して，VCは新規株式公開（IPO）によって上場した企業への投資を担う。しかし，残念ながら日本において，エンジェルやVCがリスク・キャピタルとして十分機能しているとは言い難い。忽那・日本証券経済研究所（2011）によれば，日本におけるVC投資額が近年落ち込んでいるだけでなく，シード段階や成長段階にあるスタート

アップ企業にはほとんど資金が流れていない。また，バイオテクノロジーやクリーンテック分野といった成長性が見込まれるハイテク分野におけるVC全体の投資額の割合もそれぞれ18％と８％であり非常に低い。逆に，アメリカにおける状況は，日本とはかなり異なり，シード段階や成長初期段階の投資割合は非常に高く，成長性の見込まれるハイテク分野への投資も盛んである[8]。このような状況では，日本において，高い成長が期待できる研究開発型のスタートアップ企業の登場，ましてやその成長は期待できそうにない。

今後，研究開発型のスタートアップ企業の登場による経済成長を期待するならば，リスク・キャピタルの供給を担うエンジェルやVCの活動を活発化させることが重要である。

コラム8.1　アントレプレナーの人的資本と開業後のパフォーマンス

　政府によるアントレプレナー支援を考える上で，どのような企業がより成功（失敗）する傾向になるかを理解することが重要である。ここでは，どのような特徴をもつアントレプレナーが開業後に高いパフォーマンスを実現しているのかについて，近年発表されているいくつかの実証研究の成果について紹介する。

　スタートアップ企業を対象とした多くの研究において，開業後の生存，成長，イノベーションといったパフォーマンスに関して，それらの企業間の差異がどのような要因で説明できるのかについて実証的に分析が行われてきた。このような研究の中で，アントレプレナーの人的資本に着目するものが近年注目を浴びている。スタートアップ企業は，企業としての資源や経験が乏しいため，アントレプレナー自身の能力や経験といった人的資本が最も重要な資源と考えられる。「リソース・ベースト・ビュー（The Resource-based View）」と呼ばれる分析アプローチに基づけば，人的資本が高いアントレプレナーによって経営される企業は，その他の企業と比べて高いパフォーマンスを示すと考えられる。人的資本の高いアントレプレナーは，適切で迅速な経営判断を下すことができるかもしれないし，多くの知識を有しているため優れた製品を開発できるかもしれない。とりわけ知識集約的な産

業では，事業機会の発見・認識とその活用は，関連分野での経験（知識）といったアントレプレナーの人的資本に影響されると考えらえる。

同時に，情報の非対称性の存在を背景として，アントレプレナーの学歴や職歴などの個人属性は，彼らの経営する企業の能力の「シグナリング」となり，人的資本の水準が高いアントレプレナーほど外部資金にアクセスしやすいと考えられる。

実際，イタリア企業を対象としたコロンボ（Massimo Colombo）とグリリ（Luca Grilli）による研究では，学歴が高く，関連産業での職務経験をもつアントレプレナーが経営するスタートアップ企業は，他の企業と比べてより成長しやすい傾向があるという分析結果が示されている（Colombo & Grilli 2005）。また，加藤らは，日本のスタートアップ企業を対象に，アントレプレナーの人的資本をタイプ別に分けて，開業後のイノベーションとの関係を分析した（Kato et al. 2015）。彼らは，開業前の製品開発経験のようなイノベーション活動に直接的に関連するアントレプレナーの「特殊的な人的資本（specific human capital）」はアウトプットとしてのイノベーションの成果に直接結びつくという結果を示した。また，学歴のような「汎用的な人的資本（generic human capital）」はイノベーションの成果に直接結びつくのではなく，イノベーションのインプット（研究開発投資）に影響を与えることによって，結果としてアウトプットへ結びついていることを報告している。

このように，アントレプレナーの人的資本と開業後のパフォーマンスは密接に関連していることがこれまでの実証研究によって明らかにされてきた。これらは，人的資本の水準が高いアントレプレナーの登場は，イノベーションの実現を含めた経済の活性化を促進することを示唆している。一般的に，能力の高い個人は，アントレプレナー以外の他のオプション（つまり雇用機会）が多いために，アントレプレナーとして留まることは，他の仕事に就いたら得られたであろう所得を犠牲にしているという意味で，「機会費用」が大きい。そういう人たちがアントレプレナーに留まることで被るコストを取り除くことによって，成長ポテンシャルをもつスタートアップ企業が登場する可能性が高まると考えられる。そのためには，能力の高い個人が，アントレプレナーになること，あるいはアントレプレナーとして失敗することによって被る社会的コストを軽減するような仕組み作りが必要である。

4　アントレプレナーシップ促進策

　経済成長の観点から，政府はスタートアップ企業に関する支援に関して何をすべきなのだろうか。スタートアップ企業向けの支援政策の方向性として，大きく分けて2つの方法が考えられる。開業の絶対数を増やす方法とターゲットを絞って支援する方法である。

　まず，前者については，参入障壁を小さくして，参入者の質はともかく，数を増すことが目的である。実際に，2001年に政府が打ち出した「開業創造倍増プログラム」では，新規開業を5年間で倍増することを目標として，人材育成や資金調達の円滑化などによるアントレプレナー支援を掲げた。また，2003年には，最低資本金規制特例制度が創設され，2006年には，最低資本金制度（株式会社1,000万円，有限会社300万円）が完全に撤廃され，資本金1円でも会社設立が可能になった。政府は，このように参入障壁を撤廃することによって多くのアントレプレナーが開業をしやすい環境を整備しようと試みてきた。これまでの政府の政策においては，どちらかというと開業の絶対数を増やす方法を重視する傾向があるが，開業率が依然として低迷していることを考えると，このような政策が現在のところは有効に機能しているとは言い難い（図表8.2を参照）。

　既に議論したように，市場における企業数が増加することによって，競争促進効果が期待される。他方で，開業した企業の多くは成長しないで，数年の間に市場から退出を強いられている。つまり，一部の企業しか生存せず，成長できない。開業数を増やすことを目的とする政策は，生産性が低く，参入後すぐに退出する企業（revolving-door firm）を生み出すだけで，雇用創出やイノベーションへほとんど貢献が期待できないことは多くの研究で明らかにされてきた。典型的なスタートアップ企業はイノベーティブではなく，その多くは雇用創出や経済成長に貢献していない。シェーン（Scott Shane）は，創業の絶対数を増加させるような政策はパフォーマンスの低いアントレプレナーを生み出すだけ

で，多くの者がアントレプレナーになることを奨励するのは誤った政策であると主張している。経済成長の観点から考えれば，限られた政府予算を，成長ポテンシャルを有する事業（アントレプレナー）支援のために重点的に配分すべきという見解である（シェーン 2011）。

　実際，ターゲットを一部の企業に絞った政策も行われている。上記で議論したように，開業した企業の一部の企業だけが長期的に生存し，成長を成し遂げることができることは明らかな事実である。したがって，経済成長の観点からすれば，成長ポテンシャルをもつ企業を選別し，それらの企業に対して重点的に支援した方が効果的かもしれない。これまでのターゲットを絞った支援政策としては，研究開発志向の中小企業に対しての重点的な支援を目指した「中小企業技術革新制度（日本版SBIR制度）」（1999）や「中小企業新事業活動促進法」（2005）などが挙げられる。実際，本庄・原田は，中小企業新事業活動促進法の支援を受けた企業は，支援を受けていない企業と比べて成長率が高い傾向があることが示した（Honjo and Harada 2006）。何らかの形で成長ポテンシャルをもつ企業をうまく選別し，それらの企業に対して重点的に支援することができれば，限られた政府の予算の下でより効率的な資源配分が実現できるかもしれない[9]。

　他にも，「エンジェル税制」といったような，スタートアップ企業に対して投資する側を対象とした政策も講じられてきた。2008年度に改正されたエンジェル税制においては，スタートアップ企業に対する投資額を所得控除とすることが盛り込まれており，この制度を活用したスタートアップ企業への投資が増えることが期待されている。

　本来，市場メカニズムが正常に機能すれば，新しい企業の誕生によって，市場が活性化し，雇用が創出され，イノベーションが実現し，経済成長が実現することが見込まれる。しかしながら，現実には，思うように資金を調達できないなど，市場メカニズムがうまく機能していないため，上記で見たような様々な方法で開業支援が行われている。現代の日本のような経済成長が低迷している状況において経済成長を実現するためには，開業支援による産業の活性化が

不可欠である。

❖注

1 「開業」のほかに，「起業」あるいは「創業」という用語がよく使用されるが，本章ではこれらを統一して開業と呼ぶことにする。また，スタートアップ企業は，「ベンチャー企業（New venture firm）」と呼ばれることがあるが，本章では開業間もない企業に限定して議論するため統一してスタートアップ企業と呼ぶ。
2 新規事業は，必ずしもスタートアップ企業によるものとは限らない。既存企業が新規事業へ進出することも考えられ，市場における競争の促進において同様の働きをすると考えられる。ただし，本章では，議論の簡単化のため，主に「開業」によるスタートアップ企業の設立のみに話を絞ることにする。
3 クリステンセン（1997）がハード・ディスク・ドライブ市場を対象に明らかにしたように，新企業や新製品の登場に対して，既存企業の対応は遅れがちになることがたびたび指摘されている。
4 高橋他（2013）によれば，TEAは，成人人口100人当たりの「懐妊期のアントレプレナー」（nascent entrepreneurs）および「誕生期のアントレプレナー（baby businesses）のアントレプレナーの合計を指標化したものと定義されている。
5 新規参入には，新しく企業が生まれる「開業」に加えて，既存企業が新しい事業に進出する多角化による「新事業創出」も含まれる。これらはどちらも当該市場における企業数の増加をもたらすため，市場における競争の観点に着目する産業組織論では，通常，スタートアップ企業による参入なのか既存企業による参入なのかを区別されない。ここでは上記を区別しないで議論を進めるが，区別するか否かは結果にあまり影響しないと考えて差し支えない。
6 資金調達の方法として，自社内で資金を調達する「内部金融」と，直接金融（株式発行，社債発行など）と間接金融（金融機関からの借入）のいずれかで資金を調達する「外部金融」の2つがあると考えられる。
7 資金調達先として，企業はまず内部金融，次いで外部金融を選択するという序列が存在することがよく議論される。このように資金調達を段階的に選択するという考えは「ペッキング・オーダー仮説」（pecking order hypothesis）と呼ばれる。
8 VC投資の日米の状況に関して，更なる詳細は忽那・日本証券経済研究所（2011）

を参照。

9　開業支援政策に関する更なる詳細について，たとえば本庄（2010）を参照。

❖ディスカッション問題

1．アントレプレナーシップを促進することはなぜ重要だと考えられるか。経済政策の観点から議論せよ。
2．アントレプレナーが開業しようとする際に，なぜ資金調達で苦労するのか。また，なぜイノベーションのための資金調達はとりわけ困難を伴うのか。「情報の非対称性」の観点から議論せよ。
3．どのようなアントレプレナーが成功しやすいと考えられるか。特にアントレプレナーの個人属性に着目して議論せよ。

❖参考文献

クリステンセン，C. M.（玉田俊平太監修，伊豆原弓訳）（1997）『イノベーションのジレンマ』翔泳社。
忽那憲治・日本証券経済研究所（編）（2011）『ベンチャーキャピタルによる新産業創造』中央経済社。
シェーン，S. A（谷口功一・中野剛志・柴山桂太訳）（2011）『〈起業〉という幻想　アメリカン・ドリームの現実』白水社。
高橋徳行・磯辺剛彦・本庄裕司・安田武彦・鈴木正明（2013）「起業活動に影響を与える要因の国際比較分析」『RIETIディスカッションペーパー』No.13-J-015.
バイグレイブ，W. D., ザカリキス，A.（2009）（高橋徳行，田代泰久，鈴木正明 訳）『アントレプレナーシップ』日経BP社。
原田信行（2002）「潜在的開業者の実証分析」『日本経済研究』第44号，pp.122-140。
本庄裕司（2010）『アントレプレナーシップの経済学』同友館。
本庄裕司・小田切宏之（1995）「新規企業の市場参入—工業統計表による実証分析」，『通産研究レビュー』第6号，pp.76-92。
Colombo, M. G. and Grilli, L. (2005) Founders' Human Capital and the Growth of New Technology-based Firms: A Competence-based View, *Research Policy*, 34, pp.795-816.
Honjo Y. and Harada, N. (2006) SME Policy, Financial Structure, and Firm Growth:

Evidence from Japan, *Small Business Economics*, 27, pp.289-300.

Kato, M., Okamuro, H., and Honjo, Y. (2015) Does Founders' Human Capital Matter for Innovation? Evidence from Japanese Start-ups, *Journal of Small Business Management*, 53, pp.114-128.

Stevenson, H. H. and Gumpert, D. E. (1985) The Heart of Entrepreneurship, *Harvard Business Review*, March-April, pp.85-94.

van Stel, A., Carree, M., and Thurik, R. (2005) The Effect of Entrepreneurial Activity on National Economic Growth, *Small Business Economics*, 24, pp.311-321.

第9章
イノベーションと特許

1　知的財産と特許の定義

　企業は，日々，新しい知識・技術を開発するために研究開発（research and development：R&D）活動を行っている。そうした努力の成果は企業の業績・成長に大きな影響を与えるために，企業はそれぞれ，研究開発やその成果の使用をめぐり戦略を練る。そうした戦略が創造的行為による産出物，すなわち知的財産をめぐる戦略であり，そして発明者には排他的権利である知的財産権（intellectual property right：IPR）が認められる。

　知的財産権の1つが特許権（patent）で，創造された知識・技術からの成果・利益を獲得することを可能にする。その効果はイノベーションに大きな影響を与える可能性をもつために，イノベーションや競争過程における特許の役割が注目される。そこで，本章は，革新的な製品やサービスそのものではなく，それを生み出している知識に焦点を合わせ，特にイノベーションにおける特許の役割について考察する。特許の制度を概観したうえで，イノベーション過程における企業の特許戦略とその効果を議論する。

(1)　特許の定義

　まず，特許とは何かを定義する。一般的に，上記のとおり研究開発で創造された新知識は知的財産あるいは知的創造物とよばれ，そして国によって付与された権利によって保護される。そうした権利は知的財産権とよばれる。それは一つの法律によって規定された包括的な権利ではなく，いくつかの法律によって規定される複数の権利を総称したものである。それは，具体的に日本では，

特許権（特許法），実用新案（実用新案法），意匠権（意匠法），商標権（商標法）（以上4つを産業財産権という），著作権（著作権法），などを含む。われわれは，日常生活のなかでこれらの権利に接している。

　知的財産権のうち，特許権は日本では特許法に基づき付与される。その権利は，「発明（新知識）に付与される独占権」，あるいは「一定の特許期間，発明者以外の者が当該技術を使用することを排除する権利」と言える。すなわち，特許権は「独占排他的」権利の付与というのが適切であろう。

　なお，特許に近い知的財産権として実用新案権がある。それは，「必ずしも技術的に高度ではない小発明ともいうべき『考案』」（工業所有権情報・研修館『産業財産権標準テキスト・特許編』2011年，p.183）であり，特許のレベルには至らないが，実用性のある新規の考案を保護する，1905年に発足した制度である。

(2) 特許制度の目的・役割

　以上のように定義された特許の下で，「特許制度は，発明者の研究成果を保護するとともに，優れた技術知識を世の中に広く公開して，技術の進歩，産業の発展に役立たせることを目的とする」（工業所有権情報・研修館『産業財産権標準テキスト・特許編』2011年，p.41）。この文章は，特許制度のキーポイントとして独占排他的権利の付与，情報開示およびイノベーションの3要素を含む。換言すれば，特許権（そしてまた広く知的財産権）は，発明者に「独占排他的権利」を付与することによって研究開発・イノベーションの誘因を与え，そして同時に開発された技術を「公表」することによって技術の普及・伝播とR&Dの刺激を誘引するものと理解される。

　したがって，特許は，発明の実施を専有する権利であり，また発明の内容を第三者に開示する「技術文献」としての役割をもつ。このような特許制度の目的・役割は，おおよそ国際的に共通していると言ってよい。

(3) 知的財産の専有方法と特許

　発明者は，発明の成果から得られる利益を獲得する，すなわち「専有する」

(appropriate）ことができるが（このことを専有可能性とよぶ。第２章参照），専有方法は決して特許だけでなく，その他の方法も可能である。そうしたなかで，特許はどのような位置を占めているのだろうか。

一般に，知的財産を専有する方法には，①企業機密・ノウハウ（know-how）（秘匿），②特許，著作権，商標などの知的財産権，③他社に先駆けて販売し，他社が追随してくるまでの間に利潤を獲得するという先行者利益の回収（リードタイム（lead time）），④他社が追随しにくい複雑なデザイン，⑤同様に他社が追随しにくい効果をもつ補完サービス・製品との抱き合わせ，⑥情報が漏出しないように結ぶ，当事者間での秘密保持契約，などがある。いくつかの既存の研究はいずれも，企業の間では，特許が最も有効な専有方法とはみなされていないことを明らかにする。また，産業分野別に見ると，産業により有効な方法が異なり，そのなかで化学，医薬品，医療機器などでは特許は比較的有効な専有方法と見なされる（コラム９.１参照）。さらに，１つの製品について，複数の保護方法が利用されていることも明らかにされている。

2 特許制度の理論

(1) 特許制度の論拠

以上，特許の定義と制度を考察したが，特許制度の論拠はどのように議論されてきたのであろうか。欧米諸国の近代特許制度の導入時期を見ると，英国（イングランド）では，16世紀のエリザベス１世時代におおよそ確立され，事実上の特許法の形で特許法令（「独占大条例［Statute of Monopolies］」。特許期間は14年）が1623年につくられた。これが近代特許制度の始まりと言われる。その後，成文化された法律としての特許法を通して，18世紀末のフランス（1791年）や米国（1793年），そして19世紀になって多くの欧州諸国で特許制度が導入された。その論拠として従来いくつかの議論が展開されてきた。それは以下のように整理される[1]。

① 自然財産権説：発明者は，自己のアイディアには，１つの財産として譲

ることができない自然権をもつ。
② 公正説：発明者は，社会に有用なものに対して応分の報酬を受けるべきである。
③ 誘因説：特許の専有から生まれるレント（rent，独占的要素から生まれる利益をいう。独占利潤）はイノベーションを促進する誘因である。
④ 開示説：特許権は発明開示の報償である。

以上の諸説のなかで，誘因説が，特許制度についての今日の論拠に近いであろう。今日，特許は市場の失敗（market failure）を構成する公共財の視点から議論される。知識市場では，市場の失敗が起こる。すなわち，新知識・発明から得られる利益（専有利益）は自由競争下では十分ではないために，企業は研究開発・イノベーションを行おうとする誘因を欠き，その結果社会的価値のあるイノベーションが起こらない可能性がある。

知識市場の失敗の起こる理由は，まず，知識が公共財であることである。一般に，財は，2つの特徴，すなわち，(1)ある人の利用を妨げることができるという排除可能性（excludability），および，(2)ある人が利用すると他の人の利用できる量が減少するという競合性（rivalry）を有するが，これらの性質を有しない――非排除性，非競合性――財を公共財という（第2章参照）。言い換えれば，ある財の便益の享受から排除されることがなく，かつ財の消費が他の人の消費を妨げることがなく，そして，自らは財の費用を負担することなく，第三者が財を提供するのを期待することができるような財である。知識はこうした性質を備え，公共財と見なされる。

こうした公共財では，費用を負担しないで財の便益だけを享受しようとする人が出てくる。こうした人はフリー・ライダー（free rider，ただ乗り）とよばれる。この問題があるとき，財を生産・供給する誘因は弱く，財が提供されない。すなわち，自由競争市場では，公共財は社会的に過少供給となり，その結果，社会的厚生が低下する。フリー・ライダー問題を解決し，社会的厚生を改善するために，政府の介入が行われる。知識市場では，政府が知識の所有者に専有権を付与してこの問題の解決を図る。これが特許制度の理論的根拠である。

(2) 日本の特許制度

 日本では，特許法が欧米に比べて遅く1885年（明治18年，「専売特許条例」の公布・施行）に制定された。今日の日本の特許制度を概観しよう。

 特許は，すべての新知識・技術に付与されるわけではない。特許になる発明はある要件を満たすものに限定されている。「自然法則を利用した技術的思想の創作のうち高度なもの」（特許法）のうち，基本的に以下の3つの条件を満たすものとなっている。すなわち，①産業の発展に寄与するために，産業として実施できる（有用性），②新しい（新規性），③容易に考えることができない（進歩性）。最初の条件は文字通りイノベーションに寄与するレベルであることを要求し，そして残りの2つの要件は，既知の知識・技術とは異なる新しいもので，しかも進歩性の大きいものであることを求め，一言で言えばオリジナリティにかかわるものである。なおもとより，関連分野の研究者・技術者が追試可能なレベルに技術が公開されていることも必要である（開示性）。

 なお，技術進歩と産業構造の変化に対応して，特許対象範囲は拡大している。たとえば，ビジネス・メソッド（ビジネス・モデル）や金融サービス商品についても特許出願が可能となっている。たとえば，1998年から出願範囲が拡大した米国では，世界中の多くの人が利用するアマゾン社の「ワンクリック・ショッピング」がある。

 次に，特許期間に注目しよう。今日，国際的に20年間（出願日から20年）が支配的となっている。ただし，特許延長制度があり，医薬品，再生医療製品，農薬では，発明された成分の特許出願後その技術を使って製品を市場に出す（上市）までに長い試験期間を要するので，それを考慮して最長5年間の延長が認められている。この延長制度はわが国だけではなく，欧米でも見られる。

 それでは，なぜ一律20年間だろうか。理論的に考えれば，特許が生み出す社会的純利益，すなわち特許から生まれる社会的総利益（特許技術の使用からの獲得される利潤，ライセンス（特許許諾）収入，イノベーションの促進から期待される利益などの特許利益）から特許の成立に伴う社会的費用（R&D費用，特許出願・登録費用，知的独占に伴う弊害などの特許コスト）を控除した差額

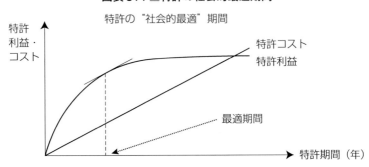

図表9.1 ■特許の社会的最適期間

出所：Victory J. Tremblay and Carol H. Tremblay, *New Perspectives on Industrial Organizotion*, Springer, 2012, Figure17.10, p.497

が最大となる期間が社会的に最適である。これら二つの要因は**図表9.1**に示されているように特許期間との関係をもつ。

　しかし，社会的に最適な期間は産業ごとに異なるであろうし，そしてまた当該産業の技術発展の予測も難しいので，利益と費用を推測することは大変困難かもしれない。たとえおおよそ算出が可能であるとしても，各産業について計算することはすこぶる膨大な行政費用（取引費用の分類に入る）がかかるであろう。むしろ，産業ごとに期間を設定するよりは，産業横断的に一律期間を設定するほうが社会的に合理的である。そうした考慮が一律20年である。

　けれども，なお20年の長さの根拠は明確とは言い難い。事実，米国では，特許期間は14年（1790），17年（1861），20年（1995）と変遷している。また，現在は20年となっている英国でも，上で指摘したように，1623年で定められたのは14年であり，当時の徒弟制度で求められた修業年限（7年）の倍とされている。こうした期間の変遷は特許期間の論拠が明確ではないことを示唆しており，過去政治的，恣意的に決定されてきたと考えられる。特許の効果については以下に述べるようないろいろ異なる議論があることを考えれば，20年の期間に対する明確な論拠を示すことは容易ではない。

　最後に，特許期間の長さと並んで重要な問題は，特許権で保護される対象範囲をどれだけ広く定めるかという問題である。特許権で保護される対象範囲は

特許の範囲とよばれるが，その後のR&Dやイノベーションに大きな影響を与える可能性がある。

一般に，最初の発明者は，効力を広げるために広範囲な特許を要求するであろう。逆に，後に続く者は，先行者の特許に抵触しないように狭い特許範囲を主張するであろう。すると，たとえば，広範囲な特許の下では，前者は自分の発明から多くの利益を獲得することができる。後続の者は，最初の発明に付加する開発を進めても，先行者に支払われるライセンス料（特許権使用料）によって開発からの利益を奪われ，あるいは新技術を利用することができないと考えるので，R&D・イノベーションを抑制することになる。反対に，狭い範囲の特許の下では，後続の発明者は抵触を懸念することなくR&D・イノベーションを行うことができる一方，最初の発明者は，自分の発明から多くの利益を獲得することができなくなる。

このように，特許の範囲は，発明に関わる者の誘因に大きな影響をもつ。そのために，事実多くの特許紛争が，特許制度の誕生した頃から今日まで起こっているのである。また，特許範囲の問題は，国（経済産業省特許庁）の取る特許審査の基準が重要となることを示唆する。

コラム9.1　「特許の崖」

近年，医薬品をめぐる話題が多い。具体的に，日本では，患者の医療費（7割）が健康保険で負担される国民皆保険制度の下で，国は，医療費の国家負担を削減するために安いジェネリック（generic）医薬品（後発薬ともよばれる）の普及に積極的に取り組んでいる。また，多くの製薬企業，特に新薬（先発薬ともいう）を開発し特許をもつ企業は，世界的にM&A（merger & acquisition.合併買収）を積極的に実施している。

これらの動きは医薬品の開発と特許の問題を反映する。近年，従来の化学物質から新薬を発見・開発することが難しくなり，また従来の新薬開発・製

法とは大きく異なり，既存の企業でも自前で参入するのが容易ではないバイオ医薬品が重要となっている。加えて，ブロックバスターとよばれる売上高規模（通常約1,000億円以上）の大きい大型商品の多くにおいて，特許切れが起こっている。特許切れが起こると，特許権者の売上高は減少し，なかには半分から3分の1に急減する。たとえば，2009年に特許が切れた武田薬品のタケプロン（抗潰瘍薬）の売上高は，2008年は2,714億円であったが，2010年は1,336億円に半減する。同じく，2011年に特許が切れた同社のアクトス（糖尿病治療薬）の売上高も，2010年では3,879億円から2012年では1,229億円に急減する（アニュアル・レポート［各年］）。外国でも同様なことが見られる。

こうした特許切れによる売上高の急減は特許の崖（patent cliff）とよばれる。そうした状況に対応するために，日本企業を含めて多くの大企業がM&Aを行っている。それは，大企業同士の大型合併，従来とは随分異なるR&Dが求められるバイオ医薬品のベンチャー企業の買収などに見られる。

特許の崖は，先発薬の特許切れの後，元の特許権者とは別の企業が生産・供給する同じ薬効の製品，すなわちジェネリック薬（バイオ医薬品の後発薬はバイオシミラー（bio-similar）とよばれる）を安く供給する企業の参入・拡大を意味する。すなわち，先発薬はジェネリック薬に取って代わられる。なぜなら，後発薬企業は，膨大な費用がかかるR&Dをあまりしないで同じ薬効をもつ薬を生産できるために，先発薬企業よりも安い価格で販売できるからである。ただし，日本では，政府の薬価基準（薬の公定小売価格）があるために，ジェネリック薬の価格は先発薬価格のおおよそ6〜7割に定められている。

特許の崖とジェネリック薬の台頭は先発薬メーカー，後発薬メーカー双方の医薬品開発に影響を与えることが考えられるが，医薬品分野のイノベーションを活性化するのか，それとも逆に阻害するのか。注目される問題である。

3　特許と企業戦略

次に，特許制度の下で企業はどのような戦略をとるのだろうか。企業の特許戦略は，その活用については，一般にその自社利用，売却，第三者へのライセ

ンス，死蔵などを含む[2]。

(1) 特許の戦略的利用

わが国では，近年特許出願件数が逓減傾向にある。特許庁は，こうした動向を，「出願人が特許出願の厳選を行い，事業展開の核となる質の高い出願を目指す特許出願戦略を採用してきている」(『特許行政年次報告書 2013年版』, p.2) と指摘する。このことは，企業における特許以外の知財戦略の重視，高質の特許の重視を示唆している。換言すれば，特許の戦略的利用が重視されている。

一例を挙げてみよう。ある機械メーカーは，①特許出願件数の抑制，②件数重視から金額重視に（特許料収入の重視），③ライバル所在地での特許出願，④「有効特許」のみの出願，などを指摘する。特に，従来のように，周辺の関連技術（周辺特許）なども含めて多数出願する方針（防衛的出願）を改めて，他社が製造・販売上，使用せざるを得ない特許を有効特許と規定し，有効特許となりうる発明を主として出願する。こうした特許戦略では，基本的には商品開発力と先行力・技術力，したがって結局組織力，競争力が重要となるであろう。

以上のような出願戦略は，特許の戦略的利用につながる。競争上有効な戦略的利用は，具体的には以下のような目的で行われると言えるだろう。すなわち，まず何よりも，自社の成長にとり重要な競争優位を作り出し維持するように利用し，そしてその上で，①ライセンス交渉において交渉力を強化する，②特許侵害訴訟に対応して防衛的セーフガードとして利用する，③ライバルを排除する，などが考えられる。

すると，企業の特許の戦略的利用が拡大する結果，特許調整が問題となるであろう。特に，近年では，技術的に複雑な製品（エレクトロニクス等）は，多数の要素技術から構成され，そしてある要素技術について，多数の特許所有者が関連していることが多いからである。その結果は，たとえば情報通信技術の分野で見られるように，特許紛争の拡大である（コラム9.2参照）。

⑵ 「特許の藪」とイノベーション

　今日，1つの製品において，多数の関連する特許が所有者の間で複雑に交錯し，あたかも藪（あるいはジャングル）の様相を呈する状況が見られる。そうした状況は「特許の藪」(patent thickets)とよばれる。たとえば，1台のスマートフォンには特許10万件がかかわると言われる。この事実は，今日の新技術が複数の要素技術の集積であり，そしてまた1社だけで関連するすべての技術を開発することが困難であることを反映している。

　特許の藪があると，企業は，新技術を現実に商品化するためには，重なり合う特許権の密集を切り開くことが求められる。すると，それが企業のR&D・イノベーション戦略に与える影響が注目される。その効果をめぐり，2つの見解がある。1つは，アンチコモンズ（anti-commons，反共有地）の悲劇とよばれるものである。ある土地が複数の権利者に所有され，しかも利用が開放されないとき，その土地は反共有地とよばれ，そして反対に，誰でも自由に出入りし利用できるような土地はコモンズ（commons，共有地または入会地）とよばれる。共有地では，そこにある資源が自由に利用され枯渇してしまう恐れ（共有地の悲劇とよばれる）がある。その例が海洋資源の乱獲である。他方反共有地の場合は，資源が乱獲され枯渇することは避けられるが，逆に資源が有効に利用されず，社会の利益の増加につながらないことが起こる。これは反共有地の悲劇とよばれ，共有地の悲劇の反対概念である。

　特許は反共有地に該当する可能性がある。関連する特許権者が多数存在すると，複数の特許にカバーされたある技術の利用を考えている者には各所有者との交渉で膨大な費用と時間（取引費用）がかかる。その取引費用は特許の藪の大きさに応じて急上昇する。すると，利用者はそれを嫌って新たな開発やイノベーションを行おうとする誘因を失うかもしれない。これが反共有地の悲劇に相当する。かくして，多数で複雑に交錯する特許権者の存在はR&D・イノベーションの誘因を阻害する。

　しかし，反対の議論が展開されている。それがもう一つの見解で，特許の分散がライセンス交渉を容易にすることによってイノベーションを促進すること

を主張する。各特許権者の単体の技術は，それを組み込む製品に活かされないかぎり，大きな経済的価値をもたない。しかし，各特許権者が調整しあって利用するならば，コストの引下げを実現し，そしてまた新製品として市場に出し大きな市場に拡大するなど，大きな価値を生む可能性がある。すなわち，各特許の単体の価値は調整からの経済的価値よりも小さい。すると，各特許権者は，自分の技術（特許）を積極的に売却するか，あるいはライセンス交渉に入る可能性が大きい。その結果，特許の分散は，特許の流動性を高め，またライセンス交渉を容易にすることによってむしろイノベーションを促進するであろう。

しかし，これら2つの見解について，どちらが妥当かは未解決である。

(3) イノベーション・プロセスと特許戦略

イノベーション・プロセスのタイプには，大きく独立型と累積型がある。独立型は，以前の発明に依存せず，また他の，あるいは後の発明の基礎にも影響しないタイプであり，他方累積型は，発展経路において前後の発明が密接に関連するタイプである。今日のハイテク産業は，技術の大きな累積性・結合性によって特徴付けられる。ここでは，累積型に注目する。

累積的，結合的イノベーションでは，初期発明者のR&D活動は，後続のイノベーションに役立つという正の外部性（positive externality）を誘引する。このタイプのイノベーションでは，特許保護に対する当局の審査基準や特許所有者の戦略が後続のR&Dとイノベーションに大きな影響を与える可能性がある。たとえば，もし発明者に"強い"特許保護を与えるならば，それは後続のR&D誘因を減殺し，そしてまた社会的に合理性を欠く略奪的戦略を招くかもしれない。略奪的戦略には，特許待ち伏せ（下の解説を参照），参入阻止などが該当する。

第10章で議論するが，複数の特許所有者が協調して特許調整を通して実用化のために技術の標準を決めるさい，そのうちのある特許所有者が，標準化作業の過程では特許の所有を公表せず，その特許に関連する技術を含むように誘導し，そしてその特許が標準に組み入れられた後でその所有を公表し，自己の特

許に抵触することを主張し，高いライセンス料を要求するケースがある。ライセンスの取引では，通常FRAND（fair, reasonable and non-discriminatory,「公正，合理的，非差別的」）条件が求められるが，そうした条件に反する欺瞞的，濫用的行為として，これは特許待ち伏せ（patent ambush）戦略とよばれる。多くの事例が起こっているわけではないが，いくつかの競争法（独占禁止法）違反事件（米国・Rambus事件など）において待ち伏せの可否が議論された。なお，FRANDの明確な定義は十分に合意されていない。

また，特許を利用して，新規企業の参入やライバルの活動を阻止することも可能である。これは自由競争の原則に反する行為として競争法に違反する可能性をもつ。それゆえに，特許の売買には，競争政策当局が関与することもある。たとえば，アップル社がノーテル社（Nortel Networks. カナダ）の特許を買収したさい，米国の競争政策当局である司法省（反トラスト局）は，アップルが取得後上記のFRAND条件を遵守するという条件を課した上で，特許取得を承認している。

かくして，これらの特許戦略は，後続のイノベーションにおいてホールドアップ（holdup）を招くおそれをもつ。すなわち，イノベーションを行おうとする者はお手上げ状態となり，その命運ないし生殺与奪の権を特許権者に握られることになる。

(4) オープン・イノベーション —— クローズド戦略からオープン戦略へ

知的財産戦略には，大きくクローズド戦略とオープン戦略がある。前者は自己の発明について厳しい管理を行う，外に対して閉鎖的な戦略であり，他方オープン戦略は，第三者による特許使用を排除するのではなく，多くの外部者からイノベーションへの貢献を得るように特許を利用する，開放的な技術開発タイプである。今日，後者のタイプに該当するオープン・イノベーション（Open Innovation, H. チェスブロウ[H. Chesbrough]が提唱。第10章参考文献参照）が企業間に見られる。

オープン・イノベーションの下では，特許マネジメントは変化している。た

とえば，ライセンス，特許プール（patent pool），オープン・ソース・ソフトウェア（OSS），などである。企業は積極的に自社の特許を他社にライセンスし，特許を活かすために他社と合弁事業を行う。また，特設の組織を立ち上げ，関連する特許を持ち寄り調整し，協調して新たな共通の技術規格ないし製品を具体化することもある。この組織は特許プールとよばれる。

こうしたオープン・イノベーションは，発明の創造的再利用，外部の異質な能力や経験を利用できることなどの利点をもつ。しかし，他方で，当事者には，事業のコントロールの喪失，協調者が競争者に転じる可能性，大きな調整コスト，などのリスクも含むことにも留意する必要がある。それゆえに，オープン・イノベーションは，一定期間を対象とした期限付きのものが多く，また比較的限られた分野で多いことなどに反映されているように，しばしば時間的にも事業分野から見ても限られているかもしれない。

コラム9.2　特許紛争──特許戦争

近年，知的財産をめぐり企業間で獲得競争を展開している。たとえば，情報通信分野では，経営破綻したカナダの通信機器メーカーのノーテル社（Nortel Networks）が売却する特許の取得をめぐり，アップル社は数社と連合を組んで2011年に，グーグル社（Google）と激しい競争を展開した上で通信関連の特許の大量獲得に成功している。他方，グーグル社は，2011年に特許資産の強化のために半導体メーカーのモトローラ社（Motorola Mobility）を買収している（その後2013年売却。その特許の大半を保有）。

こうした競争のなかで，多くの企業で特許紛争（特許戦争）が繰り広げられている。関連して注目されるのは，紛争がしばしば企業連合の形で展開されていることである。この背景には，特許の藪現象がある。すなわち，一社だけでは関連するすべての技術を開発することは困難となっており，また関連技術の特許権者が多数の企業に及んでいることに起因している。同じ企業連合に入っていても，他の事業では特許をめぐり係争していることもたびたびあり，企業間の関係は錯綜する。

また，特許紛争のなかで，パテント・トロール（patent troll．トロール

> とは北欧伝承の怪物の呼称）とよばれる企業が注目される。それは，自ら研究開発せずに第三者から特許を買い取り，和解金やライセンス料目当てに組織的に特許裁判を起こす特許管理会社をいう。米国では，特許訴訟が拡大し，そしてそのうち半分以上がパテント・トロールによるものと言われる。その結果，研究開発や競争に及ぼす悪影響を懸念し，パテント・トロールの活動を制限することを意図した政府の動きや企業側の対応策が見られる。

4　特許の経済的効果

(1) 特許の役割・効果

　以上から，特許の役割は，1つに，排他独占権を付与することによってレントの発生を通して研究開発投資を回収することを可能にし，発明者に研究開発誘因を与えることである。また，特許は，出願時に関連する技術情報を詳述する必要があるために，技術情報の開示・伝播という役割を担っている。当該技術に関心のある他の者は，そうした情報を基にイノベーションを普及，導入，改良するために新たなR&Dを行うことができる。このとき，関連する，あるいは後続の製品・工程の開発が促進される。

　しかし，これら2つの役割の効果は，発明者（特許権者）と非発明者（非特許権者）にとってそれぞれトレードオフ（trade-off）の可能性をもつ。なぜなら，独占権付与は発明者には正の効果をもつが，他方ほかの人には負の影響を与えるかもしれない。また，情報開示は非発明者には有意義な情報として正の効果をもつが，発明者には開示したくない情報もあり，特許出願誘因そしてひいてはR&D誘因を妨げるかもしれない。**図表9.2**に要約されているように，発明者ならびに非発明者はともに，正負両方の効果を受けるが，正負を相殺したあとの正味の効果（純効果）は正となり，あわせて社会の総効果は正となる。これが特許制度の達成しようとする目標である。

　そのほかに，新技術が特許権として取引される知識または革新市場の形成・促進を通して，知識・技術の流動性が高まりイノベーションが進むことも主張

図表9.2■特許の機能とR&D誘因

機能＼	R&D誘因	
	発明者	非発明者
独占付与	＋	－
情報開示	－	＋
純効果	＋	＋

出所：筆者作成。

される。なぜなら，市場は，所有権ないし財産権が明確に規定されていると有効に機能すると考えられるからである。また，研究開発だけを行う専業企業や，ファブレスとよばれる，生産工場をもたない供給業者の出現に見られるように，イノベーションの効率的分業が進行すること，特許の資産的価値は企業の信用度を高め，企業，特にスタートアップ企業に望ましい条件を与えること，なども追加できるかもしれない。これらの効果も，イノベーションを促進するのに役立つであろう。

かくして，特許制度は，イノベーションに正負，両方の効果を含むが，全体として見ると正の純効果をもつ，すなわちイノベーションを促進する効果をもつと考えられている。

(2) **特許の効果** ── 革新効果 vs. 知的独占

特許制度は，以上のような役割と効果をもつことが期待される。しかし，その効果をめぐり論争が展開されている。それは，論争の本質を言い表す至言である，"Intellectual rights are intellectual wrongs?"（*Financial Times*。「知的権利は知的悪か」），という論争である。以下で賛否両論をそれぞれ概観する。

●**特許の革新誘引効果** ── 最適独占

市場の失敗からの特許論は，また，企業がいろいろな事業活動の側面で革新を行いながら活発な打々発止の競争を展開する経済（このような競争を動態的競争とよぶ）では，知的独占はイノベーションを誘引し社会的に望ましいもの

とする議論によって支持される。この見解を展開するのは，シュンペーター流の動態的競争の重要性を支持する研究者が多い。なぜなら，知的独占による超過利潤は次のイノベーションを刺激し，そしてまたイノベーションは企業の市場シェア・順位の大きな変動，すなわち競争を誘引する。その結果，長期的に見れば，イノベーションと活発な競争を伴う動態的競争が持続・拡大し，社会的利益も拡大する。

かくして，知的財産権独占ないし知的独占は最適独占あるいは良い独占であり，したがって特許は社会的に合理的な制度である，と主張される。

●反知的独占論

以上の見解とは反対の議論は，特許は発明者に過度に強い保護を付与し，その結果イノベーションと技術進歩を促進するどころかむしろ阻害することを主張する。その代表的なものとして経済学者ボルドリン（Michael Boldrin）＆レヴァイン（David Levine）の議論をとりあげよう。その議論によれば，発明者（特許権者）の権利として，発明を売る権利と発明・イノベーションの利用を制限する権利の2つをあげた上で，後者の権利が知的独占として発明後の技術進歩，イノベーションを阻害するように働く（知的独占非効率とよんでいる）。すなわち，上でとりあげた表現を用いるならば，知的権利は知的悪とみなす。

いくつかの論拠が提示されている。第一に特許がなくても，発明者は発明から超過利潤（ないしレント）を獲得できるために，発明者は十分なR&D誘因をもつ。なぜなら，発明者は，発明を体化した製品を市場に出した場合，短期的には独占者であり，したがって供給能力に制約があるからである。すると，価格は十分な供給がある場合に比べて高く設定され，超過利潤が生まれる。その結果，「ほとんどのイノベーションは知的独占の恩恵なしに起こっている」（ボルドリン＆レヴァイン2008，邦訳23頁）。

この関係は，縦軸に価格と費用をとり，横軸に産出量をとる**図表9.3**で示すことができる。いま，説明の便宜上，限界（＝平均）費用曲線は水平と仮定する。発明者は自己の生産能力に応じてQ_0を生産し，価格P_0を設定する。す

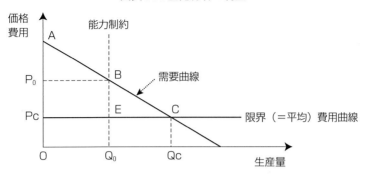

図表9.3 ■ 先行者の利益

出所：S. Comino & F. M. Manenti, *Industrial Organization of High-Technology Markets*, Edward Elgar, 2014, p.210.

ると，四角形P_0BEPcの超過利潤（＝売上高の四角形P_0BQ_0Oマイナス総費用の四角形PcEQ_0O）が生まれる。確かに，もし産業において十分な供給能力があれば，完全競争の下では，価格は供給曲線（すなわち，限界費用曲線）と需要曲線との交点（点C）で決まるために，この場合の価格は競争的水準Pcとなり，平均費用（＝限界費用）と同じ水準となるために，超過利潤は発生しない。しかし，発明の上市時では短期的には産業に十分な供給がないために，こうした超過利潤ゼロの競争的均衡状態は成立しない。すると，発明者は短期的には，特許がなくてもレントを獲得することができる。したがって，発明者は十分な革新利潤を確保しR&D動機をもつ。

先に言及したように，発明を知的財産権で保護するよりも先行販売で利潤を確保でき，また実際にしばしば採用されていることを指摘したが，こうした行動もこの説明に該当する。したがって，特許以外の専有方法は，発明者が特許でなくてもレントを獲得できることを示唆する。

第二に，特許は独占を付与するために，発明者は独占に胡坐をかいてR&D・イノベーションを行おうとする誘因をもたなくなる。これは従来から議論されてきた「平穏な生活（quiet life）仮説」に該当する。すなわち，特許権者は特許権に守られ"平穏な"企業活動を選好し，リスクのあるイノベーションを避

ける傾向にある。かつて，古典派経済学者スミスは，『国富論』(1776年) のなかで，特許には特に言及していないが，「独占は優れた経営の敵である」(山岡洋一訳 (2007)『国富論』上，日本経済新聞出版社，p.156) と指摘した。"優れた経営" とは，社内に費用上の非効率 (経済学ではX非効率という) がなく，また研究開発やイノベーションに積極的であることを含むと考えられるので，この指摘は言外に，知的独占がこうした弊害を含むことを示唆すると理解できる。

　第三に，発明者は，特許を利用して既存企業を排除または弱体化 (ないしは限界企業化) し，新規企業の参入を阻止できる。こうした略奪的戦略は，競争排除型行動として，経済学では市場支配力を構成し社会の利益 (社会的厚生あるいは経済厚生という) を損なうものとして議論される。ボルドリン＆レヴァイン (2010) は，例として，蒸気機関の特許 (1769年) を獲得したワットが特許制度を利用してライバルを排除し，そしてその特許終了後に，蒸気機関の改良 (高圧蒸気機関)，イノベーションの普及 (蒸気機関車，蒸気船，蒸気紡績機など) が起こったことを指摘する。また，競争制限の寡占的弊害が指摘されてきた米国自動車産業では，寡占化は知的独占の結果であると指摘する。

　イノベーションにおける特許権の効果についても多数の研究が行われ，多様な理論的，実証的結果を示す。これは上記のとおりいろいろな関係あるいは効果が可能であることを反映する。また，特許政策も，いろいろな議論を反映して，たとえば米国では，競争政策 (反トラスト政策とよばれ，日本の独占禁止政策に相当) との関係と絡んで，ある時期 (たとえば1960年代) では，特許は独占を形成するものとして，反独占の視点から特許に厳しい態度をとるアンチパテント (特許軽視。anti-patent) 政策，そしてまたある時期 (たとえば1980年代) では，競争政策の施行を緩和し特許制度を強化するプロパテント (特許重視。pro-patent) 政策，と揺れ動いている。特許の効果をめぐりまだ論争中であり，なお重要な課題である。

　以上，特許制度の論拠と効果を概観した。特許権は，開発者に独占排他権を付与することによって，R&Dとイノベーションの誘因を与え，そして同時に

開発された技術を公表することによって，当該技術に関心をもつ者に情報を与え，技術の普及とR&D・イノベーションの刺激を誘引するものと理解される。しかし，独占排他権は逆にR&Dを阻害し技術の普及を妨げ，また技術開示も負の影響をもつかもしれない。

したがって，特許の効果については多様な議論がある。また，特許出願をせず，新技術を秘匿しノウハウ化するなど，他の保護方法も見られる。なお，化学，医薬品，医療機械などでは，特許は他の産業分野に比べて有効に機能していると言われる。

❖ 注

1　S. Martin (2010) *Industrial Organization in Context*, Oxford University Press, pp.500-501を参照。
2　近年，社内の研究から生まれた発明の権利の帰属が注目された。社員が発明した特許は企業のものか，発明者個人のものか。現行の特許法（2015年改正）の下では，社員が会社の設備を使って発明した場合，特許はその会社に帰属する。過去，元社員の発明の対価をめぐり訴訟（青色LED，フラッシュ・メモリー，甘味料など）が起こっている。

❖ ディスカッション問題

1．知識は市場（知識市場）の失敗につながる公共財的性格を有する，と言われるが，その内容を説明しなさい。
2．創造的な企業に無限の特許所有を認めないのはなぜか，その理由を説明しなさい。
3．「知的権利は知的悪」という批判が展開されるが，その論拠を説明しなさい。
4．特許権以外の知的財産権を整理し，またどのような効果をもつかを議論しなさい。

❖ 参考文献

小田切宏之 (2010)『企業経済学』(第2版) 東洋経済新報社。
経済産業省特許庁企画 (2011)『産業財産権標準テキスト　特許編』独立行政法人工業所有権情報・研修館。

ボルドリン，M., レヴァイン，D. K.（山形浩生・守岡桜訳）（2010）『〈反〉知的独占 特許と著作権の経済学』NTT出版。

守　誠（1994）『特許の文明史』新潮社。

Swann, G. M. Peter (2009) *The Economics of Innovation: An Introduction*, Edward Elgar.

第10章
イノベーションと標準

1 標準の定義と分類

　技術仕様・基準の標準（standard），特に国際標準は，企業戦略的に，公共政策的にすこぶる重要な問題として認識される。戦後日本の経済発展を振り返ると，実は標準の問題が早くから重要な役割を果たしてきたことが判る。政府は，品質保証に対するプロセス・マネジメントを提唱したアメリカのデミング（Edwards Deming）の影響もあって，できる限り迅速に品質や形状をはじめとするいろいろなレベルで仕様・基準の統一，すなわち標準化を，具体的に鉱工業品の日本工業規格（Japanese Industrial Standard：JIS），農林畜水産品の日本農林規格（Japanese Agricultural Standard：JAS）などを進めることによって，経済発展を牽引すると期待される産業において，大量生産による規模の経済性を実現し技術的効率性を高め，そしてまた技術革新を促進してきたと捉えることができるからである。企業も政府も標準化の利点を早くから認識していた。

　その後また，経済の構造的変化を受けて，標準化は，新たな意味でわが国の経済発展，企業成長に大きな影響を与えてきた。その構造的変化は，技術進歩，市場のグローバル化，ネットワーク型・システム型産業の登場，環境保全・安全性・健康問題の重視，福祉介護ビジネスやライフスタイル・ビジネス（余暇・観光，飲食，教育など）の発展に伴う品質問題，企業のビジネス・モデルの変化，生産者とユーザーの融合・接近などであり，標準化問題の重要性を提起する。特に，特許が多くの企業によって分散所有される場合，それらの要素技術を集積・調整しないと，新製品・新生産方法の実用化は困難である。また，

複数技術が競合する場合には，企業間や製品世代間の技術的互換性が存在せず，ユーザーの利便性が損なわれ，その結果市場が十分に形成されないことが起こりうる。その結果，企業の国際競争力が失われることもある。

　本章では，イノベーションにおける標準の役割・効果を考察するが，まず標準の定義とパターンを整理したい。統一された標準の定義は存在しないが，ここでは「生産者，需要者などが支配的，標準的と認知する規格・仕様」と広く定義する。標準と規格の用語は同義と捉えられ代替的に使用されることもあるが，ここでは規格は1つの仕様を指し，標準という用語は厳密には「標準化された規格」を意味する。なお，類似用語としてドミナント・デザイン（dominant design），ドミナント・モデル（dominant model）などがあるが，それらは標準に含まれると見なすことができる。

　次に，標準の主なパターンを整理すると，さまざまな基準から分類が可能である。たとえば，標準設定方法（設定主体），標準の技術的特性・機能（インタフェース性，自己完結性），設定のタイミング（標準を体化した製品・サービスの市場投入前後），知的財産権との関連（開放型／専有型），などである。ここでは，技術的特性・機能と標準設定方法から見た分類を示す（図表10.1参照）。

図表10.1 ■標準のパターン：技術特性と設定方法

技術特性 ＼ 設定過程	政府主導 （公的標準）	市場競争 （デファクト標準）	合意形成 （自主合意標準）	主な機能
インタフェース標準 　水平互換標準 　垂直互換標準	 公的標準 公的標準	 デファクト標準 デファクト標準	 自主合意標準 自主合意標準	互換性確保 情報提供 バラエティ削減
クオリティ標準 　ミニマム品質標準 　参照標準	公的標準	デファクト標準		互換性確保 情報提供 バラエティ削減

注1：各セルに記載される設定方法は，それぞれで支配的なもの。
　2：記載の機能は，大分類のインタフェース標準とクオリティ標準にそれぞれ該当
　3：情報提供は，品質保証ないしミニマム品質を含む。
出所：筆者作成。

標準は，技術的特性と機能から見れば，大きく，互換性を求めるインタフェース（互換性）標準と自己完結型のクオリティ（品質）標準からなり，そしてそれぞれさらに若干細かな分類を含む。具体的には，前者はある製品・サービスと他の製品・サービスとの接続に関連し，同種製品間の水平互換（同一製品の同一世代間の，および異なる世代間の互換性・相互運用性を含む）と，垂直的あるいは補完的関係にある製品間の垂直互換の両方を含む。他方，クオリティ標準は製品・サービスの特質・特性と関連するもので，製品・サービスそれ自身の品質に関して一定の内容と水準を示す。それは，最小限の品質のために必要なミニマム品質標準（計量・検査・等級，検査・試験方法などの公定基準，および政府による環境保全・安全・健康規制）と，支配的な製品特性が1つの「参照」として標準機能をもつ参照標準（スタイル，形状，嗜好，そしてまた電卓・電話機の数字配列，自動車用3点シートベルトなど）を含む。

　また，設定方法による分類は，大きく，市場競争によって最も大きなシェアを獲得する仕様・規格が標準に決まるデファクト（*de facto*，事実上の）標準，安全性，健康，環境保全などの政府規制（社会的規制）である社会的標準，関係者が協調して自主的に決定する自主合意標準を含む。そのうち，社会的標準は政府が定めるもので，デジュレ型（*de jure*，公的）標準とよばれる。

　自主合意標準もデジュレ型であるが，関連する企業や関係者が集まり標準組織，すなわちフォーラム（forum）を通して共通の仕様，すなわち標準を協調して設定するもので，フォーラム標準とよばれる[1]。そのさい，標準を策定する標準組織は，大きく政府等により標準化を行う機関として公的に認知された常設型の公認組織（たとえば，政府系機関としての日本規格協会，非営利民間の欧州標準化委員会（Comité Européen de Normalisation：CEN），標準の設定も行う業界団体（日本自動車工業会，日本鉄鋼連盟など），米国電気電子技術者協会（Institute of Electrical and Electronics Engineering：IEEE）など），および特定の標準を決定するために設立された特設型の任意組織（たとえば，ある技術の実用化にあたり，関連する特許の所有者が標準の決定のために特許を出し合い調整する特許プール），の2つのタイプを含む。

なお，社会的標準は政府の定めた標準仕様に企業を従わせるもので，政府による強制的合意あるいはそれに準ずる合意と言ってよく，それゆえに社会的標準と自主合意標準はコンセンサス（consensus，合意）標準と一括することができる。今日，このタイプが支配的となっている。

合意標準について，1つ言及しておこう。合意標準はまったく競争を伴わないわけではない。たとえば，1つの技術をめぐり，複数の企業が協調して共通の規格を設定・提唱し，他方他の企業も同様にグループをつくり別の規格を設定・主張することがある。この場合，複数のグループ間で激しい競争が展開され，協調（合意型）と競争（デファクト型）の両方の側面を含む。また，常設の公認型標準組織でも特設の標準組織でも，合意型標準化は関係者の協議・交渉を伴う。この過程は，関係者間の駆け引きによる競争的戦場となることもあり，競争の要素を含む。

図表10.2 ■標準のタイプ

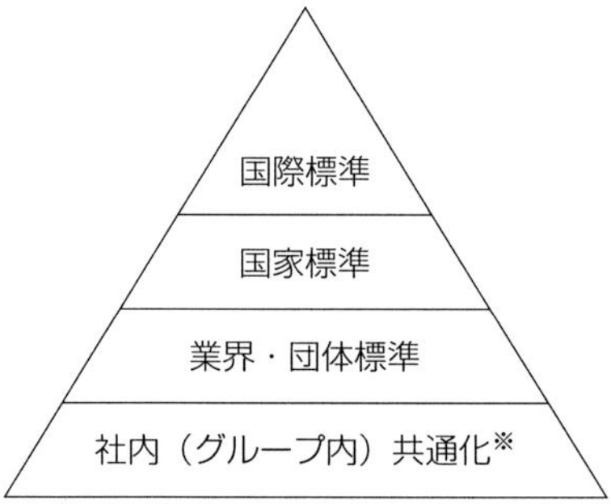

```
         /\
        /国際標準\
       /──────\
      /  国家標準  \
     /──────────\
    /  業界・団体標準  \
   /──────────────\
  /社内（グループ内）共通化※\
 /──────────────────\
```

※社内共通化を標準という場合もある。

最後に，標準の及ぶ範囲から見ると，**図表10.2**に示されているように，業界・団体標準（産業レベル），国家標準（国家レベル。JIS，JASなど），国際標準（国際レベル。国連・国際通信連合（ITU），国際標準化機構（ISO），国際電気標準会議（IEC）の標準など）に分けられる。企業の仕様の統一・共通化を広く捉えれば，業界・団体標準の下に企業内部あるいは同一グループ内の共通仕様・規格（企業内共通化）があるが，ここではそれを標準とは見なさな

い。

　なお，以上の分類は一義的に明確に分けられものではなく，また分類間で重複する側面をもつ．実際，標準化の過程が複雑で多様であることを背景として，これらの区別は明確とは言い難く，混乱して使われている．そのほか，市場競争を通じてデファクト標準となったものが，その後公認標準組織によって承認され，デジュレ標準となることもある．その具体例は，以下でとりあげる家庭用VTR（video tape recorder）のVHS（IECで承認）である．

2　標準化のプロセス ── 標準と競争

　標準化はどのようなプロセスで行われるのかを議論してみよう．ここでは，企業の標準化戦略に影響を与えると思われる，標準レース，自主合意標準の形成，企業内部の要因，そして競争政策，の4つに注目する．

(1)　標準レース ── ネットワーク外部性とデファクト標準
●ネットワーク外部性
　エレクトロニクス分野の発展に伴い，1つの特性が注目された．多くの分野では，ある製品を使用することから得られるユーザーの効用・価値は他人が同じ製品を使用するかどうかとは無関係であるが，この分野ではあるユーザーにとっての価値は他のユーザーがどれだけ使用するかに影響される．すなわち，製品の価値は当該製品それ自身の本来もつ特性のみならず同じ製品またはサービスを使用する他のユーザーの数にも依存する．

　このとき，あるユーザーは別のユーザーとネットワークを通してつながる．ネットワークは大きく2つのタイプを含み，1つは直接ネットワークとよばれ，ユーザー間が直接つながっているものである．その例は電話，FAX，eメールなどである．もう1つは間接ネットワークとよばれ，ユーザーは直接つながらないけれども，同じ製品あるいはサービスを使用するために，間接的に（バーチャルな）ネットワークを形成するものである．よく知られた例として，

DVD (digital video disk), コンピューターの基本ソフトウェア (operating system：OS), インターネット・ブラウザー, ゲーム機, 携帯電話の通信規格, 電子書籍OSなどがあげられる。

　両方のタイプとも, より大きなネットワークは所属するユーザーに対してより大きな価値を与える。なぜならより多くのユーザーと直接つながることが可能であり, そしてまた当該製品を補完する製品やサービスをより多く利用することができるからである[2]。こうした効果は, ユーザーの数が大きいほどユーザーにとって製品の価値が大きいことであり, ネットワーク外部性 (network externality) あるいはネットワーク効果 (network effect) とよばれる (本書第3章参照)。これは需要面の規模の経済性と言える。

　ネットワーク外部性がある製品において重要であるとき, 当該製品の生産者は標準レースに直面する傾向がある。なぜなら, 生産者は事業の成功のためにはより大きなネットワーク, すなわちより多くのユーザーを獲得する必要があるからである。そうした過程が標準レースである。この好例がビデオレコード技術に見られ, 具体的には家庭用VTRにおけるVHS方式とベータ方式の競争 (1970年代), DVDの後継である光ディスクにおけるBlu-rayとHD-DVDの競争 (2007年) である。これらの勝者 (VHS, Blu-ray) は間接ネットワーク型のデファクト標準を獲得したと言える。なお, 敗者は市場から退出した。

　標準レースの過程で, 当事者はレースに勝つためにいろいろな戦略を工夫する。よく用いられる戦略に, ①製品を市場に出す前にその販売を予告し, 顧客に待つように説得する (事前予告), ②最善の品質の段階になる前に段階的に改良版を市場に出す (バージョン化), ③当該製品と補完して使用される付帯製品・サービスの生産を第三者にライセンスし, 付帯品の供給者を増やし, 間接的ネットワークの構築・拡大を促進する (仲間づくり), ④他社製品から自社製品への乗り換えを容易にする技術を開発する, ⑤技術開発者は自己で製品を販売するだけではなく, 他社にも技術をライセンスし, 他者が自己のブランドでその技術を組み込んだ製品を販売させる (オープン標準), などがあげられる。これらの戦略は, ネットワーク外部性を意識し活用したものである。

ネットワーク外部性の累積効果が強く働くと，標準レースの勝者が独り勝ち・総取り（winner-takes-all）となる。その結果，独占ないし市場支配という競争政策上の問題が生まれる可能性が出てくる。事実かつて，コンピューターOSにおいて，ウィンドウズの搭載をパソコン・メーカーに強制したマイクロソフト社（Microsoft）の独占排他的な行動が競争法違反かどうか，大きな問題となった。ただし，標準を獲得できなかった技術規格はすべて市場から撤退するわけではない。実際，ウィンドウズがデファクト標準を獲得しても，Mac（アップル社）のOSは依然として使われ一定のユーザーを確保しているし，また別のOSS系OSのリナックス（Linux）も利用されている。

　上記の標準化過程は，標準レースにおいて，ユーザーの数（すなわちネットワークの規模）についてのユーザー側の予想（ないし期待）が重要であること，そしてさらに，初期の技術採用のパターンがその後の決定に大きな影響を与えること（第2章で述べた経路依存性）を示唆する。これらの特性が絡んで，標準レースが展開される。

● **スイッチング・コスト**

　大きなネットワーク外部性が働く状況下では，最多数のユーザーをもつ最大シェア企業が競争優位を確保できる。しかも，競争優位は持続的であるかもしれない。なぜなら，ユーザーは当該製品から他社製品に乗り換えることが困難である可能性があるからである。すなわち，ユーザーは，他社製品の情報を収集し，また習熟した使用方法を新たな方法に替えるために学習しなければならない。こうした情報収集や学習に伴う費用（ユーザーにとって取引費用に該当する）はスイッチング・コストとよばれるが，このコストが大きいと，ユーザーは他社製品への乗換えを躊躇するであろう。この効果はロックイン効果（lock-in）とよばれる。スイッチング・コストによるロックイン効果は，デファクト標準の代表例の1つであるタイプライターやパソコンのキーボードの文字配列であるQWERTY型配列（Q，W，E，R，…の順で配列）に見られる（本書第3章参照）。別の配列が提案されたけれども，この配列が持続している。こ

の事実はユーザー側のスイッチング・コストの存在をうかがわせる。

　ネットワーク外部性とスイッチング・コストという特性は，一度標準が形成されると，後続の優れた技術の参入・代替は難しく，劣る技術でも持続できる可能性を示唆する。それゆえ，デファクト標準は，技術的に劣る仕様でも標準化されることが指摘される。この可能性をめぐり標準化された技術の優劣論争がこれまでしばしば展開されてきた。その代表例が上記のVHSである。デファクト標準を獲得したVHSは画質においてベータに劣ることがよく指摘される。しかし，VHSはベータよりも長時間録画できる。画質も録画時間もともに技術的問題であり，技術の優劣について見解の分かれるところである。

　かくして，ネットワーク外部性とスイッチング・コストが重要であると，企業は戦略的に自己の仕様・規格を業界標準とするように行動する。その結果がデファクト標準である。しかし，デファクト標準は上記の分類に従えば事後的標準，すなわち製品化・上市した後のプロセスであるために，敗者となった企業のダメージが大きく社会的に大きなロスを伴う恐れがあり，また上でふれた技術の優劣問題の可能性もあるために，技術研究や製品開発などの上市前に，関係者が集い互いに調整する形で標準化が行われることが増えている。これが合意型標準の増加の背景となっている。

(2)　合意型標準化 —— フォーラム標準

　今日，標準化は合意型標準の形で進行することが多い。上で指摘したように，企業が標準組織を通して自主的に調整して進める自主合意標準（フォーラム標準），そして安全・健康・環境問題への意識の高まりとともに政府による強制的合意としての社会的標準（政府規制）が重要となっている。ここでは，前者について考察する。

●分離型標準化 —— 協調と競争の併存

　多くの産業，特にハイテク分野では，技術の連鎖やネットワーク外部性などの特性と絡んで，標準化の過程は複雑である。特に注目する点として，標準化

は1つの製品・サービスの全領域で実施されるわけではなく，非競争領域と競争領域に戦略的に分けられ，前者で自主合意標準として協調的標準化，そして後者で独自の差別化・革新競争が展開される。こうした分離型の標準化戦略について明らかにする。

　一般的に，標準化は同質商品の拡大につながり競争を激化し，そして時には企業業績の低下や競争力の減退を誘引することもある。この可能性は多くの分野で見られる。たとえば，エレクトロニクス分野では，標準化は製品の同質化を通して激しい価格競争を誘引した。この事態を避けるために，多くの産業では，1つの製品・サービスにおいて非競争領域と競争領域の区別を行う。企業は，前者では標準組織を通して協調的に標準化を行い，他方後者では競争（差別化，革新）を展開する。具体的には，非競争領域での標準化に伴って余裕が生じた経営資源や利益を競争領域でのイノベーションに向け，そしてそこで高い差別化・革新優位と，価格に見合う価値を顧客に認識させる価格競争力（単なる価格引下げではない）を獲得することができる。かくして，技術領域を基盤技術と応用技術に峻別し，前者（非競争領域）では協調的に標準化し，他方後者（競争領域）に個々の企業の競争力，差別化，革新の源泉を求める傾向にある。その意味で，標準化は，仕様・規格の統一のみならず競争・競争力も意識していることに注目すべきであろう。

　かくして，非競争領域の協調的標準化は，各企業の競争力の源泉としての競争領域にも影響を与える。このとき，標準化の経済的効果は，標準化領域での直接的利益のみならず，その標準化によって強化された競争領域での競争力からの間接的利益も含む（図表10.3参照）。これら2つのタイプの総利益（必ずしも単純合計ではない）が考慮されなければならない。原理的には，この総利益が極大化されるように，標準化戦略が実施される。非競争領域における標準化の利益のみに注目されがちであるが，全領域を対象に標準化の利益を見る必要がある。たとえば，標準化領域では利益を求めず，標準化技術を利用する競争領域で最大利益を獲得するという戦略もありうる。こうした戦略は，具体的に，自動車制御用通信規格のOS（たとえばCAN：controller area network）や

図表10.3 ■技術，標準および利益

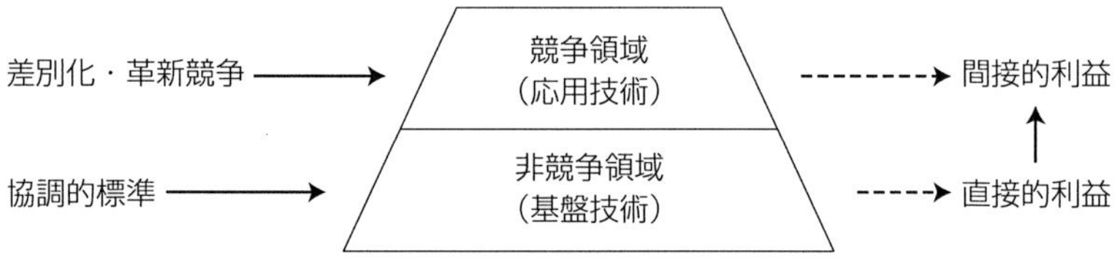

```
差別化・革新競争 ──→  競争領域      ------→ 間接的利益
                    （応用技術）              ↑
協調的標準      ──→  非競争領域    ------→ 直接的利益
                    （基盤技術）
```

出所：筆者作成。

スマートフォンのOS（グーグル社の「アンドロイド」）に見られる。

　各企業における非競争領域での標準化の誘因は，標準化によって生まれる直接的利益（非競争領域）と，標準化後上昇する競争優位から生まれる間接的利益（競争領域）に依存する。そのさい，標準に組み込まれた特許の所有者が得るロイヤリティ（特許の許諾使用料）収入も，標準化からの利益に加算される。各企業において，標準化は直接的利益（ロイヤリティも含めて）をつくり出し，そしてその上昇を通して間接的利益も上昇させるとき，標準化誘因が生まれる。反対に，市場シェアが小さく，また競争領域で技術力・革新力やマーケティング力をもたない企業は専有利益がそれだけ小さく，標準化に消極的であるかもしれない。

　かくして，標準化からの利益は，標準化領域の大きさ，そして各企業の市場ポジションや技術力（技術開発，知的財産），そして当該産業の，競争程度，差別化余地，技術進歩，製品構造，公的規制などに依存する。こうした関係は，「標準の効果は，企業が努力して獲得するもの」や「標準化は事業戦略ないし事業計画そのもの」という指摘と整合的である。なぜなら，標準化の利益は，技術・製品構造，公共政策，競争構造などを考慮した適切な企業戦略に依存することが示唆されているからである。そのさい，非競争領域と競争領域の選択・区別をめぐる企業戦略についても明らかにする必要があろう。この選択も，協調的標準化，すなわち標準組織の形成や参加に影響を与えるからである。

●標準化における競争,協調および公共政策

かくして,多くの場合の標準化は,「競争と協調の間でイノベーションを行う」プロセスである。そのプロセスは,イノベーションと動態的競争を通して社会に影響を与えるであろう。このような競争と協調(合意型標準化)のミックスである分離型標準化は,今日多くの産業で支配的な市場構造・行動となる。後述するように,合意システムは,企業間の協調を伴うために企業間競争の促進を目標とする競争政策と,そしてまた知的財産政策,環境保全・安全・健康に関わる公的規制(社会的標準の場合)などの政府の政策とも関連するために,合意標準は**図表10.4**のように,企業戦略,標準組織および公共政策の3要因の三角形のなかで形成される。

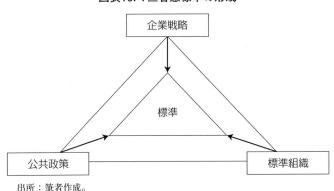

図表10.4 ■合意標準の形成

出所:筆者作成。

| コラム10.1 | 標準と企業戦略 ── モノのサービス化 |

　近年,"モノ(製品)のサービス化"(servicization)が指摘される。それは,製品がサービスとして,あるいは付帯サービス(しかも大きな)をつけて販売されることをいう。その動きは標準と関連しているものと考えられる。

　企業は,さまざまなレベルで共通化,標準化に直面している。具体的に,

これまで見てきたように，産業レベルでの製品の標準化，そしてまたグローバルな外注に伴う生産工程についての標準化，社内・グループ内の共通化，消費者・顧客のニーズの多様化，消費者（の声）の影響力拡大などを背景として，生産者は，製品とサービスをセットで販売する傾向にある。こうした経営戦略は，本文で言及した分離型標準化と整合的である。なぜなら，製品は標準化領域を有し，その部分が大きいときには製品が同質化することがあるのに対して，サービスは顧客ごとに差別化され易い競争領域に該当し，企業は後者の領域で差別化・革新を図っていると理解できるからである。

近年，日本の電子製品分野において，標準化が日本企業の国際競争力喪失を誘引した源泉の1つと捉え，標準戦略に疑問を呈する議論も多い。こうした中で，製品とサービスをセットで販売することが企業の間で見られる。これは製品のサービス化であり，また上記の分離型標準化の戦略に該当する。たとえば，買手の個別ニーズに応えながら大量生産を行う，マス・カスタマイゼーション（mass customization）とよばれる方法はモノのサービス化を反映している。

製品のサービス化に伴って，サービスの標準化，製品のサービス化が企業の製品と生産工程の標準化に及ぼす影響などが注目される。

(3) 標準と内部組織

標準化は，互換性，競争，協調，技術革新，そして多くの場合，補完製品・サービスと相互関連しながら進行する。すると，その過程はすぐれて戦略的，競争的である。標準は，当該産業の競争と関連させて見る必要がある。

こうした標準化のメカニズムや戦略策定は企業の能力にも依存する。事実，欧米では，企業レベルで，標準を担当する専門の人材・部署の有無とレベルが標準化の形成に重要な影響をもつことが指摘される。もし理解が「企業内」で十分ではなく，標準・規格を戦略的に捉えることができなければ，標準化の動向に対応できず，競争力を失うことになろう。たとえば，技術の優秀性と標準の戦略性・競争性は別問題であるという認識が社内で理解されない場合である。標準化の不十分な対応は企業内部要因にも起因するという意味で，「組織の失敗」が存在する。したがって，標準形成には企業内要因も等しく重要である。

多くのイノベーション研究は，「外部環境（特に競争）に自己の資源・能力

(企業内部)を上手くマッチングさせる企業が成功する」ことを強調するが,同じことが標準戦略にも当てはまる。なぜなら,標準化に適合する経営戦略とその執行のためのビジネス・プロセス,そしてそれらを支える経営資源や組織構造が不可欠であるからである。デファクト型であろうと合意型であろうと,自社のイノベーションや競争力を高めるように標準化を進める社内体制(標準知識の教育・普及,標準の担当部署など)が不可欠である。なお,標準組織の運営のあり方やそれへの参加者の関わり方は,コーポラティブ・マネジメント(cooperative management),コーポラティブ・ガバナンス(cooperative governance)とよばれる。

かくして,標準の経済的効果の理解には,どのタイプにしろ,競争および企業内部との関連を考慮することが企業戦略的にも公共政策的にも必要である。なお,このことは,イノベーションを促進するのは技術力だけではなく,マーケティング,マネジメント,経済学など,社会科学分野の知識も不可欠であることを示唆する。

(4) 標準化と競争政策

一般的には,上で示唆したように,標準化はしばしば知的財産政策,公的規制,競争政策(日本では,独占禁止法に基づき独占禁止政策とよばれることがある)などの公共政策と関連する。特に,自由で公正な競争を求める競争政策は標準化活動に大きな影響をもつ可能性がある。なぜならたとえば,標準組織によるフォーラム標準は競争制限・共謀につながる恐れをもつ企業間の共同行為であり,そしてまた関係者がライバル(既存企業,参入者)の排除など,競争排除的な略奪行為(参入阻止,ライバル排除)を行うことがあるかもしれないからである。たとえば,標準組織が標準化された技術の使用を組織外の企業には認めない場合である。このとき,競争政策は標準化の過程に介入し影響を与えるであろう。したがって,上で言及したように,合意標準は,企業戦略,産業協調そして公共政策,特に競争政策が関連しあって形成される。

しかし,標準に対する競争政策の基本的方針はおおよそ日米欧で一致し,競

争政策上の問題を誘引する可能性は考慮するが，基本的には，標準化のメリット（以下の経済的効果を参照）を認識して，イノベーションの促進という動態的な問題に対する市場ベースの解決策として標準設定には介入しない，というスタンスである。たとえば，標準化のために関連特許の所有者が自己の特許を出し合い共同で管理・運用する特許プールは容認される。ただし，まったく関与がないということではなく，標準組織の活動ルールなどは競争政策の視点から競争政策当局のチェックを受ける。

3　標準のミクロ経済的効果

(1) 標準化の経済的効果

　以上から，標準は，売手・買手のレベルで考えれば，互換性・相互運用性の確保，情報提供（品質保証，製品特性など），製品バラエティの削減などの諸機能を有する（**図表10.1参照**）。これらの機能を反映して，標準の経済的効果は，大きく一般的に，①買手の取引費用削減（製品バラエティ減少と品質保証による情報収集費用減少と信頼度上昇）とネットワーク外部性（互換性・相互運用性の保証）による買手の効用拡大を通して市場の創造・拡大（市場開発・加速化効果），②生産者の取引費用削減（取引の簡素化・効率化など），同質的な製品の大量生産による規模の経済性の実現，学習効果などによる生産効率上昇（効率効果），③競争領域と非競争領域の両方における技術進歩の利益の迅速な拡散と技術開発の促進（R&Dの効率的実施など）（イノベーション促進効果），④製品差別化の減少，参入障壁の低下などによる市場アクセス（参入）の促進と企業間競争の激化（競争効果），⑤貿易障壁の除去を通しての貿易拡大，⑥公的規制の要件に迅速に対応可能，などを含む。これらの効果は，経済学の枠内で考えると，需要曲線の上昇（上方移動），費用曲線の低下（下方移動），価格の低下として発現する。

　これらの効果は通常社会的利益（経済学では経済厚生とよばれ，消費者余剰――消費者の利益――と生産者余剰――生産者の利益――の合計からなる）

を増大させ,そしてまた企業成果にも影響を与える。しかし,その効果・影響は決して一様ではない。たとえば,社会と企業の間で利益相反（トレードオフ）が起こる可能性がある。なぜなら,標準化に伴う価格競争激化が利潤低下を誘引するかもしれないからである。また,フォーラム標準の場合には,知的財産権を低いライセンス料で,あるいは無償で提供することになるかもしれない。さらに,自社の技術が標準とならないか,あるいは標準に組み込まれないときは,その開発費用は退出時に回収できない埋没費用（サンクコスト）となる。標準は,どのタイプにしろ,企業の成果に正負両方の効果をもつ可能性を含む。

　また,同一産業内でも,分離型標準化の議論で示唆したように,企業間で効果は,競争領域の範囲とそこでの個別の競争力の大きさによって異なる可能性がある。社会的に最も望ましいのは,標準が市場拡大,効率・革新の促進,価格低下を通して多くの企業の利潤上昇と消費者利益の拡大（価格低下,新製品の享受）を同時に結果することである。

　以上の関係は競争に影響を与えるであろう。特に,標準は,規模の経済性,ネットワーク外部性,基本技術へのアクセスなどを通して,競争構造に影響を与える。たとえば,標準化を通して,既存企業,特に上位企業は,標準化のメリットを通して効率上の競争優位を実現し,またネットワーク外部性によってユーザーの満足を高めて,市場シェアを拡大することができる。その結果が圧倒的市場シェア（たとえば50％以上）をもつ企業（支配的企業とよばれる）,そしてその企業を首位にもつ非対称的な高度寡占である。その結果,標準化は,当該産業の市場構造や競争への影響を通して間接的にもイノベーションに影響を与えるかもしれない。なぜなら,競争構造は企業のR&D・イノベーション活動の誘因に影響を与える可能性があるからである。

　また,ある産業の標準化は,その産業の発展に影響を与えるだけではなく,その標準化技術を体化した製品・サービスを利用する産業において,費用効率の改善,新製品・新サービスや新製法の開発,そしてその結果として市場拡大などを促す可能性がある。こうした産業連関的な波及効果も注目される。

かくして，標準は社会の利益に影響を及ぼす可能性があり，それゆえ競争政策や政府規制など，公共政策と密接につながっている。以上の効果は，実際にどのように確認されているのだろうか。それはそれぞれの産業に，そしてまたマクロ経済に発現するであろう。

(2) 標準効果の検証

標準化の効果は，従来，経済成長率，貿易などのマクロ経済効果と産業あるいは企業ごとのミクロ経済的効果を通して検証されている。

まず，その検証結果は，各国の経済成長率の大きな割合が標準によって説明されることを実証し，標準が経済発展に有効であるという結論を導いている。また，一国の貿易も標準によって拡大していることも指摘される。したがって，マクロ経済分析から，標準化は国家レベルのイノベーション推進・実施体制としてのナショナル・イノベーション・システム（第2章参照）の重要な構成要素の1つとみなされる。その結果を受けて，各国，特に欧州委員会（European Commission：EC）は標準化を促進する政策（合意型標準化による欧州内標準の世界標準化）を積極的に講じている。この欧州の攻勢がわが国を含めて世界の標準化の動向に大きな影響を及ぼしている（コラム10.2参照）。

しかし，マクロ効果分析の結果は，経済的効果のメカニズム・プロセスについてブラック・ボックスである。むしろ，上記の諸効果を検証するミクロ分析が必要であろう。既存の多くの研究は，企業別，産業別の実証分析を通して，標準が企業の売上高の拡大，市場シェアの上昇，利潤の増加，技術的効率の上昇，イノベーションなどに有効であることを指摘する。これらの事実は，上で指摘した効果を反映しているものと理解することができる。

かくして，標準の経済的効果はマクロ的にもミクロ的にも認められる。しかし，標準化は当該産業のすべての企業に等しく利益を与えるものではない。分離型標準化のところで指摘したように，標準化の利益は最終的には当該製品の全領域，特に競争領域の競争力にも依存するからである。事実，ある領域の標準化が市場全体の拡大を誘引し，また別の領域でイノベーションを刺激すると

ともに，並行して業績が悪化し，ついには市場から退出を余儀なくされる企業も現れるケースがある。この例がデジタル・カメラに見られ，プリント技術（非競争領域に該当）の標準化（画像，フォトプリンターとの接続，およびSDメモリーカードの標準化）が行われると，市場拡大，映像データ（競争領域に該当）の検索・閲覧機能に関するイノベーション，および下位企業の退出とその結果の寡占化が並行して起こった。

| コラム10.2 | サービス標準 |

　近年，標準化の対象となる産業分野から見ると，サービス分野での標準，すなわちサービス標準の重要性が注目される。経済のサービス化・ソフト化の進展，福祉ビジネスやライフスタイル・ビジネス（旅行・観光，趣味など）の拡大などに伴って，サービス分野の仕様・規格の標準化が求められている。なぜなら，サービス分野は，事業者ごと，地域ごと，また国ごとに異なる仕様をしばしばもつ傾向にあるからである。サービスの品質や透明性などの基準が共通化，標準化されていないと，サービスの内容を評価・比較することが困難となり，その結果ユーザーの満足や誘因に支障を招く恐れがある。サービス標準は，特に新しいサービスの登場に伴って必要となり，したがってサービス・イノベーションと関連し合いながら進行する。

　欧州連合（EU）は，特に，多数の国からなる連合体（2014年28ヶ国）であるために，国ごとの相違は経済・政治統合の障害となりかねないことを懸念し，積極的にこの分野の欧州標準の形成に乗り出した。具体的に，メンテナンス，交通・輸送，観光，建設会社のクオリティ，施設管理，ヘルスケア・安全サービス，マネジメント・システムなど，一般消費者向けサービスとビジネス向けサービスの両方の分野で標準化（欧州標準）が進められている。こうした欧州の重視は，技術標準と同様に世界に波及するであろう。なぜなら，世界標準の決定過程は欧州に有利な制度となっているからである。すなわち，世界標準の決定では一国一票の投票で決定されるために，EUの提案する標準は，最初から加盟国数の賛成票を基に多数の賛成票を得ることができる。サービス標準の動向に注目すべきであろう。

以上，標準のタイプを考慮しながら標準化のメカニズムと経済的効果を考察した。標準は多くの分野で，しかも様々な形を取りながら形成される。それは，技術進歩，グローバル化，消費者のニーズ多様化と影響力拡大，経済のソフト化・サービス化など，経済構造の変化に影響されて進行し，そして製品開発，ビジネス・モデルなどの企業行動や競争に影響を与え，また逆に経済構造の変化や競争に影響を受ける。

　こうした関係を通して，標準はイノベーションにおいて重要な役割を果たす。すなわち，標準化は，企業経営的にも社会的にもプラスの効果をもちうる。しかし，標準化効果の発現は，標準化領域の範囲，競争構造，企業内部の能力・資源など，いろいろな要因によって規定され複雑である。産業間だけでなく，同一産業内でも企業間で効果に相違が見られる。

　したがって，企業は，標準化のメカニズムと効果を十分に理解して事業戦略を策定する必要がある。また，標準化は，政府規制，競争政策，知的財産政策などの公共政策と密接に関連して進行するために，関連する公共政策にも留意しなければならない。また，公共政策（当局）も同様に標準化メカニズムや企業行動を考慮しながら政策を策定・執行することが求められる。

❖注

1　類似する概念に，企業グループの形成を通して設定されるコンソーシアム（consortium）標準とよばれるものがある。これもフォーラム標準との区別は明確ではなく，用語の使用者によって異なるのが実情である。ここでは，フォーラム標準に含めた。

2　直接ネットワークを取り上げると，固定電話において，ユーザー間の会話の可能な回数は，$N(N-1)/2$（N＝ユーザー数），の大きさに従って逓増的に増加する。たとえば，2人の場合1回であるが，5人になると10回となる。

❖ディスカッション問題

1．経済発展に標準が必要とされる背景を，戦後日本の経済発展の変遷に対応させ

ながら説明しなさい。
2．競争によるデファクト標準よりも合意型標準が選好される理由を説明しなさい。
3．標準はイノベーションとカイゼンをマネジメントするためのツールと，よく言われるが，標準が企業間競争に及ぼす影響を考慮しながらその論拠を説明しなさい。
4．今日，福祉介護や生活者のライフスタイルに関連するビジネスが重要となっているが，これらのことが標準に及ぼす影響を議論しなさい。

❖ 参考文献

経済産業省特許庁企画（2011）『事業戦略と知的財産マネジメント』独立行政法人工業所有権情報・研修館。

シャピロ，C., バリアン，H. R.（千本倖生監訳，宮本喜一訳）(1999)『ネットワーク経済の法則―アトム型産業からビット型産業へ…変革期を生き抜く72の指針』IDGコミュニケーションズ。

新宅純二郎・江藤学編（2008）『コンセンサス標準戦略』日本経済新聞出版社。

チェスブロウ，H. 編，長尾高弘訳（2008）『オープンイノベーション―組織を越えたネットワークが成長を加速する』英治出版。

柳川隆・川濱昇編（2006）『競争の戦略と政策』有斐閣。

第11章 イノベーション政策

1　イノベーション政策とは何か

(1) 科学技術政策

　「イノベーション政策（innovation policy）」という概念は科学技術とイノベーションの振興を目的とする一連の政策の総称であり（そのため複数形の"policies"が用いられる場合もある），近年になり多用されるようになった，比較的新しい概念である。従来は「科学技術政策（science and technology policy）」が使われてきた。科学技術政策の概念が確立したのは1960～70年代であり，その役割は国や地域の科学技術および産業の水準の上昇に従い変化してきたが，軸となる施策は，大学や政府研究所等の公的研究機関の研究開発活動の支援，政府主導で進められる特定の目的に向けた研究開発（いわゆる，国家プロジェクト）の推進，そして企業研究開発活動の支援の3つである[1]。

　公的研究機関の研究開発活動の支援については，伝統的に科学的知識の生産を目的としてきた，主に大学で行われる研究活動の支援を目的とする「科学政策」や「学術政策」の枠組みで取り扱われることもあり，さらには研究開発活動に携わる科学技術人材の訓練や教育という側面を有するため「高等教育政策」の延長線としても取り扱われる要素も含んでいる。一方，国家プロジェクトについては，個別分野の技術・知識の応用研究や実用化等を軸とする「技術政策」の枠組みで取り扱われるものである。そして，企業研究開発活動の支援は資金面の支援を軸としている。これらはいずれも知識や科学技術の生産・供給量の増加を目的としている。

(2) 供給サイドのイノベーション政策と需要サイドのイノベーション政策

　イノベーション政策は大別して知識・技術の供給パフォーマンスの向上を目的とする「供給サイドのイノベーション政策（supply-side innovation policy）」と，イノベーションが誘発されやすくなるような需要側に着目する「需要サイドのイノベーション政策（demand-side innovation policy）」に分けられる。

　供給サイドのイノベーション政策は，基礎研究や応用研究で生産された知識・技術は自ずと企業を始めとする社会の構成員により取り込まれ，開発を通して洗練された上で，やがて製品やサービスとして市場に到達し普及する，すなわちイノベーションに至ることを暗黙の前提としている。科学技術政策の中心は供給サイドのイノベーション政策である。

　しかし，本書で学んできたように研究開発活動の成果である新しい知識・技術はイノベーションとは異なるものである。研究開発の成果は新製品や新サービス，あるいはその一部として経済社会に普及し生活を豊かにして初めてイノベーションとなる。必ずしも「高い技術力 ＝（イコール）活発なイノベーション」であるわけではない。

　新しい知識・技術が新製品に取り込まれ，あるいは事業化され，社会に普及しイノベーションに至るまでの過程においては，たとえば事業化資金の確保やさまざまな法制度や規制への対応，マーケットの開拓，ならびに生産体制や販路の確立といったさまざまな課題を解決する必要がある。すなわち，供給サイドの支援だけでは不充分である。イノベーションが誘発されるような社会環境の整備において政府の役割の重要性は高く，そのために進められる政策が需要サイドのイノベーション政策である。政府調達や規制改革は需要サイドのイノベーション政策の一例である。

　イノベーション政策の一環として施策されている政策や政府プログラムの多くは「イノベーション政策」という概念が現れる前から施策されてきたものである。その意味ではイノベーション政策は必ずしも新しいものではない。このようなことを踏まえつつ本章では日本を中心にイノベーション政策を見ていく。

2 産学連携と大学発スタート・アップ

(1) 大学の役割

　産学連携についての議論に先立ち，大学の役割について確認する。大学の基本的な役割は研究と教育である。研究については知識の追究，すなわち，従来知られていなかった，あるいは充分に解明されてきていなかった原理や現象を分析し理論化あるいは体系化すること（基礎研究）がその主な目的である。大学の研究成果は主に学術論文を通して広く社会で共有される。一方，教育についてはまず，職業人として必要な基礎的知識・技能と学習能力をもつ人材を育成し，広く産業に供給することが大学に求められている。とくに理工系については，実際の研究活動に学生を参加させることにより，学生に実地の知識・技術を習得させるという役割も大学は有しており，学生が大学の研究成果を社会に広める媒体の役割を果たしている。このような研究と教育の組み合わせが大学を他の組織から際立たせている。

　しかし近年，社会の大学に対する認識は大きく変わってきている。従来，知識の追究が重要な位置を占めていたいわゆる「象牙の塔（ivory tower）」として大学は社会から半独立的な存在であった。対照的に今日の大学は知識経済社会における重要な役割を担う存在，社会に開かれた存在として認識されるようになってきている。

(2) 産学連携とは何か

　企業と大学の連携を産学連携と呼ぶ。産学連携と見なされる活動の範囲は広い。たとえば，企業と大学の間の共同研究開発に始まり，企業からの受託研究や技術相談，企業研究者の大学研究室への受入，大学から企業への技術ライセンシングや，大学と企業の間の共同事業が含まれる。これらの活動はいずれもイノベーションの供給サイドの活動として位置づけられるものであり，大学の研究成果が実用化に至るまでに要する時間やプロセスの短縮を目的としている。

すなわち，産学連携では大学研究と実用化が直結している。

　産学連携を先導しているのは米国であり，他の国々は米国に追従している。そこで米国の取組を確認しながら，産学連携推進に向けた主な取組や課題を見ていく。

(3)　知的財産の帰属の明確化

　1970〜80年代にかけて米国は長期の経済不況にあった。その一方で，第二次世界大戦後，米国は科学技術の中心であり，大学や政府研究所では活発に研究開発活動が行われていた。そのような状況を背景に当時の米国では大学等の研究開発活動の成果が経済社会に充分に還元されていないのではないかという指摘が出てきた。そしてその理由として，研究開発活動の成果である知的財産の帰属が明確でないことが指摘されていた。当然のことながら大学や政府研究所の研究開発活動は公的資金，すなわち，国民の税金により支えられている。それゆえ，その成果は国民の代表である政府に帰属するのであるが，それは漠然としたものであり，実務面では具体的に誰が責任を持って管理しているのかは明確ではなかった。

　企業は帰属が不明な知的財産の利用を敬遠する。なぜならば，そのような知的財産に対し所有権を主張する第三者が現れると，さまざまな問題が生じるからである。企業にとっては，若干劣っているものであっても素性の明らかな技術の方が望ましい。また，企業が大学の研究成果であるが帰属が不明である技術をライセンシング等により社内で利用したいと考えたとしても，ライセンシングに向けた交渉の相手が不明であるという問題が生じる。一方，研究の当事者である大学研究者にとってもライセンシングがもたらす利益が誰のものか不明であるため，ライセンシング等を通して研究成果を社会に還元しようとする動機に欠ける。

　このような問題を解決するために米国では1980年に「バイ・ドール法（Bayh-Dole Act of 1980）」が成立し（翌年施行），公的資金による大学の研究開発活動の成果は大学に帰属するとされた。その結果，大学等の研究開発活動の成果の

産業への技術移転が進んだと広く認識されている。

　日本では米国のバイ・ドール法に倣い，1999年に「産業活力再生特別措置法」(とくに同法第30条が「日本版バイ・ドール条項」と呼ばれる)が施行され，大学が公的資金による研究成果に基づく特許を保持できるようになった[2]。また，特許取得のインセンティブを高めるために，2000年には大学等に対する特許料等の軽減措置も導入された[3]。

(4) 産学連携の規模と収益性

　1990年代以降，産学連携が推進されるようになってから大学と産業との関係は強くなっている。たとえば，日本の大学全体が，研究成果の企業への供与の見返りに受け取るライセンシング収入(正式には「特許権実施等収入額」)は増加を続けており，2012年には15.6億円となった。しかし，同時期に米国の大学は26億ドル(2,600億円)と，日本の大学の167倍ものライセンシング収入を得ている。米国のGDPは日本のおよそ2.7倍(2012年)であることを考えれば，日本の産学連携の規模は小さく，大学と産業との関係の強化の余地は大きい。

　では，米国の産学連携は成功しているのかというと必ずしもそういうわけでもない。上位8大学，16大学がそれぞれ，ライセンシング収入2,600億円の半分，4分の3を受け取っており，ほとんどの大学はライセンシングに必要な諸経費を差し引くと収支が差し引きゼロ，あるいは赤字であるのが現実である。このようなライセンシング収入の構造はバイオテクノロジー特許の一部がもたらす巨額のライセンシング収入によりもたらされたものであり，バイオテクノロジー分野は大学の研究が産業に直結している例外であることに留意する必要がある。

　多くの大学にとって産学連携はビジネスにはならない。むしろ，産学連携は社会における大学の役割であると理解する必要がある。

(5) 産学連携人材の養成・確保

　本章冒頭で述べたように知識・技術がイノベーションに至るまでにはさまざ

まな課題を解決する必要がある。解決に必要な知識は広範囲に及ぶため，個々の課題に対して知見を有する人材を確保する必要がある。たとえば，技術に加え経営面にも知見を有するような，いわゆる「目利き人材」の重要性が指摘されている。しかし，日本の産学連携の規模は小さいため産学連携に関わる人材が不足しがちである。そこで人材面の課題の解決に向け，大学から産業への技術移転を促進する役割を担う技術ライセンシング機関（Technology Licensing Office：TLO）の設置が支援された[4]。産学連携人材の不足は大学発スタート・アップ（次項）における起業支援人材の不足に通ずるものであり，日本における人材流動性の欠如を反映している。さらには，年金制度等の労働政策や社会の慣行にもかかわってくる問題である。

(6) 大学発スタート・アップ

「大学発スタート・アップ（university start-ups）」とは，大学の研究成果の事業化に向けて大学研究者や学生が主体となり大学の外部に設立した組織（企業）のことである[5]。設立（起業）にあたり出資や受託研究等の形でベンチャー・キャピタルや母体の大学から支援を受けることも少なくない。近年の最も著名な成功例はグーグルであろう。グーグルは，スタンフォード大学が米国国立科学財団（National Science Foundation：NSF）等の政府機関の助成を受けて進めていた電子図書館プロジェクトに従事していた大学院生2人が起業した企業である。

大学発スタート・アップの資産は保有している知識・技術だけであることも少なくなく，起業に先立ち研究成果を特許出願しておくことも多い。

日本では大学等技術移転促進法（1998年）を始めとする大学発スタート・アップ支援に向けた一連の施策の結果，新規設立数が増加していき，2004～05年のピーク時には年間252件を数えるまでとなった。しかし，この増加は経済産業省主導で進められた「大学発ベンチャー1000社計画」（2002～04年）によるところも多く，その後，新規設立数は減少を続けている。対照的に米国では過去10余年間，2000～01年のITバブル崩壊後を除いて新規設立数が年々増加し

ている。2012年には新規設立数は330件であり，全体では3,715社の大学発スタート・アップが活動している。

　大学発スタート・アップの事業分野についてはバイオテクノロジー分野とソフトウェア分野の占める割合が多い。株式公開に至った企業数では，バイオテクノロジー分野が圧倒的に多い。その背景としてバイオテクノロジー分野は他の分野と異なり大学の研究が産業化に大きな影響を与えるという特徴を有していること，ソフトウェア分野は他分野と比較して設立資金が少額であるという特徴を有していることが，それぞれ挙げられる。

3　国家プロジェクト

(1)　国家プロジェクトとは何か

　国家プロジェクトとは，社会基盤整備や研究開発等の分野において政府主導で進められる，通常，規模の大きい事業のことである。たとえば黒部ダムや新幹線は世界銀行から融資を受けた国家プロジェクトである。本節ではとくに研究開発プロジェクトを指して国家プロジェクトと呼ぶ。

　国家プロジェクトは通常，将来的に重要性が高いことが予想される産業分野の技術水準の向上を目的として実施される。具体的には重要性は高いものの実用化される時期がかなり先であること，研究開発に多額の投資が必要であること，あるいは実用化には企業間の協業が必要であるものの企業が自発的に協業することが難しいといった問題を抱えている，不確実性やリスクが高い分野や技術，あるいは，国家安全保障上必要とされる技術が国家プロジェクトの対象になる。

　国家プロジェクトの進め方については，日本の場合，通常，経済産業省（と前身の通商産業省）の主導の下，複数の企業の共同研究開発の形で進められる。政府研究所や大学も参画することも少なくない。実施形態については，参画企業がそれぞれ，個別の技術課題を自社に持ち帰った上で研究開発を進める分散研究方式，あるいは，一研究施設に参画企業から研究資源（研究者等）を集中

させて研究開発を進める集中研方式のいずれかを取ることが多い。費用については，参画企業の出資と政府からの補助金によりまかなわれる。プロジェクトの実施期間は概ね数年から10年の間であるが，エネルギー分野のプロジェクトの実施期間は20年以上に及ぶものもある。長期間のプロジェクトは通常，5年程度のプロジェクトを継続する形で実施される。

(2) イノベーション創出における国家プロジェクトの役割と課題

　1980年代に日本の半導体産業は大きく成長し，DRAM（Dynamic Random Access Memory，いわゆるコンピュータ・メモリ）を始め世界半導体市場で供給された半導体の50％以上を日本の半導体製造企業が供給していた時期もあった。当時の日本の半導体産業の成長には国家プロジェクト「超エル・エス・アイ技術研究組合」の寄与が大きかったことが広く知られている。このプロジェクトは海外からも広く関心も集めた。そこで，このプロジェクトについて取り上げ，国家プロジェクトとイノベーションの関係を見ていく。

　1970年代を通して世界半導体市場における米国半導体製造企業の市場占有率は，低下傾向にあるものの50％を越えており，日本半導体製造企業がその後に続いていた。1970年代前半の半導体市場は，集積回路（Integrated Circuit：IC）上の回路素子の実装密度を高めたLSI（Large Scale Integration，1,000個以上の回路素子を持つ大規模集積回路）が各種電気機器に使用されつつある時期であった。また，コンピュータの記憶回路素子として記憶容量が1,024ビットの1K DRAMや容量が4倍の4K DRAMが生産されていた時期であった。まだ日本半導体製造企業の技術力は米国に後れを取っていたが，集積回路の輸入が完全自由化（1974年）され，また，米国企業が1980年までに従来の1,000倍の記憶容量を持つ1M DRAMを開発するという情報が米国から伝わってきていた。このような状況に対し日本の半導体産業とコンピュータ産業に危機感を抱いた関係者により設立されたのが「超エル・エス・アイ技術研究組合」（1976～79年）であった。

　超エル・エス・アイ技術研究組合の目的は100万素子以上の回路素子を実装

したVLSI（Very Large Scale Integration，超大規模集積回路）に向けた微細加工を中心とする製造技術の確立であった。工業技術院電子技術総合研究所（現産業技術総合研究所），日本電信電話公社（現NTT），および電気機器企業5社共同による集中研方式を軸に研究開発が進められた。プロジェクト期間は4年間，プロジェクト費用は総額730億円，うち40％に相当する290億円が助成金であった。共同研究に参画した企業は半導体市場では競合関係にあった。それゆえ，企業の観点からは共同研究開発を通して他社に自社の技術やノウハウが流出することが懸念される（第7章参照）。このような懸念に対処するため超エル・エス・アイ技術研究組合では，従来の技術の単なる延長線上にはないがVLSI製造に必要な基礎であり，どの参画企業にとっても共通して役立つ「基礎的共通的技術」の研究開発に焦点が当てられた。

　超エル・エス・アイ技術研究組合がきっかけとなり，1980年代，日本の半導体産業は大きく成長した。一方，半導体だけでなく自動車や鉄鋼等の産業分野で日本に抜かれた米国は産業界が中心となって日本を調査し，その結果をいわゆる「ヤング・レポート（*Global Competition: The New Reality*）」としてとりまとめた。調査を通して米国では共同研究開発の重要性が認識された。そこで半導体産業の競争力回復に向け，米国の主要な半導体製造企業による共同研究開発のために「セマテック（Semiconductor Manufacturing Technology：SEMATECH）」が設立（1987年）され，米国政府は資金助成を行った[6]。セマテックを通して集積回路製造装置の強化に努めた結果，米国の半導体産業は復活した。対照的に日本の半導体製造企業はそのときの成功体験によりDRAMへの依存を高めてしまい，他の集積回路への事業の展開が進まない一方，DRAMについては韓国企業の追い上げと価格の急速な低下により収益性が悪化したことが原因となり，失速したことが指摘されている。

　超エル・エス・アイ技術組合が成功した理由については「基礎的共通的技術」の研究開発に焦点が当てられたこと，企業の垣根を越え共同研究所で研究者が協力して研究を進めたことが指摘されている。

　超エル・エス・アイ技術研究組合やセマテックは産業の技術水準および国際

競争力の向上に結びついたが，必ずしも国家プロジェクトが常に成功裏に終わり設立時の目的を達成できるわけではない。また，国家プロジェクトに対する批判もないとはいえない。国家プロジェクトは特定の産業の保護や支援を目的とする「産業政策（industry policy）」の1つである[7]。政府が，支援することが妥当な産業，企業や技術，あるいは支援するべきタイミングを正しく判断できるのか，疑問が残る。産業や技術の選択を間違えれば，本来なら新しい成長産業に置き換えられるはずの衰退産業や，市場から退出するはずの企業をいたずらに延命させることになってしまう。同様に支援するべき技術やタイミングの判断を誤れば，かえって産業の成長を妨げることになったり，あるいは，明確な出口の見えないまま支援を継続することにならないとも限らない[8]。

また，経済が成長するにつれ，従来であったら政府が支援しないと進めることが出来なかった大規模な研究開発プロジェクトを，企業だけで進めることが出来るようになってきている今日[9]，国家プロジェクトの役割は従来よりも限られたものとなっている。

(3) 国家プロジェクトの政策的枠組

日本において国家プロジェクトの裏付けとなった枠組は技術研究組合制度と経済産業省（と前身の通商産業省）が中心となり施策してきたさまざまな大型研究開発制度（助成制度）である。

① 技術研究組合制度

「技術研究組合制度」は第一次世界大戦後に英国で設立された研究組合（Research Association）制度を参考に，本来は民間の共同研究開発の促進を目的に「鉱工業技術研究組合法」（1961年）で導入されたものであるが，国家プロジェクト（補助金）の受け皿として活用されてきた。2009年に鉱工業技術研究組合法は「技術研究組合法」として改正され，サービス分野の研究も対象に追加されたり，研究開発の進展や事業化への移行にあわせ組合の再編成や会社組織への変更が容易となったりする等，利便性が増した。また，税制面の優遇措

置もある。2014年時点，60組合が活動中である。また，制度導入以来の累積組合数は244組合である。

② **大型研究開発制度（助成制度）**

　大型研究開発制度については今日までに10以上の制度が施策されてきている。そのうち，最初に施策されたものが「大型工業技術研究開発制度」(1966～92年)である。制度開始当時の日本は高度経済成長期であり，欧米諸国の技術水準に追いつくべく，欧米から積極的に技術を導入する一方，貿易や資本，為替が自由化されつつあった。国際競争にさらされるようになった日本企業の技術水準の向上を目的として施策された。電子計算機や製造技術，あるいは資源・エネルギー分野等で32のプロジェクトが実施された。投資された研究開発費は総額3,865億円である。1993年以降は「産業科学技術研究開発制度」に引き継がれた。なお，超エル・エス・アイ技術研究組合は大型研究開発制度ではなく，そのために施策された「次世代電子計算機用大規模集積回路開発促進補助金制度」により支援されていた。

　現在は環境・エネルギー分野を軸として「未来開拓研究制度」(2012年～)が施策されている。従来，大型の助成制度は経済産業省が中心となり進められていたが，未来開拓研究制度は経済産業省と文部科学省の連携の下，産学官連携を軸に進められている。

4　政府調達

　「政府調達（government procurement）」とは政府機関や地方自治体等の公的機関が，行政のために物品やサービスを調達することである。業務委託やリース，あるいは建物・道路工事等も政府調達の1つである。政府調達，あるいは官需とも呼ばれる。政府調達はOECD諸国においては平均してGDPの13％，政府支出の29％を，それぞれ占めており，一国の経済に与える影響は大きい。

(1) イノベーション創出における政府調達の役割

では，政府調達がイノベーションとどう関係してくるのだろうか。政府調達がイノベーションを創出した事例として広く知られている集積回路を取り上げ，政府調達とイノベーションの関係を見ていく。

今日の経済社会に不可欠なものとなっているコンピュータはトランジスタや抵抗，コンデンサー等，複数の回路素子を半導体上にまとめ，中央演算装置やメモリーを始めとする様々な機能を持たせた集積回路から構成されている。20世紀後半，米国を中心として飛躍的に発展した。その背景には1950～60年代の米空軍による公共調達，すなわち，「軍需（military procurement）」と，米国航空宇宙局（NASA）の寄与がある[10]。

1950～60年代は，第二次世界大戦終戦後（1945年）から1989年まで続いた米国とソ連（当時）の間の対立（冷戦）の真っ只中であり，米空軍は対ソ連軍備の一環としてミニットマン大陸間弾道ミサイル[11]の配備を進めた。軍事装備や宇宙開発ではコストよりも性能や信頼性が重要視される。ミニットマンのミサイル誘導装置に使用される電子部品にも高信頼性が要求されたが，そのことが当時の電子産業の技術革新を促した。たとえば，集積回路の生産に欠かせない，原材料を塵から守るためのクリーンルームは高信頼性への要求に応えるために半導体製造企業が導入を進めた技術である。

やがてミニットマンには大量の集積回路が使用されるようになった。通常，製品量産ラインの設置には多額の設備投資が必要となる。それゆえ，企業にとっては充分な製品需要が見込まれるという確証がない限り量産ラインを設置する意思決定をすることは難しい。しかし当時は冷戦下にあり，ミニットマンが急速に配備されつつあった。すなわちミニットマン向けの集積回路は確実に需要が見込まれたので，半導体製造企業は半導体量産ラインを導入することができたのである。一方，同時期に米国とソ連の間で宇宙開発競争が進んでいた。米国ではその一環として1960年代のうちに人間を月に送り込むアポロ計画が進んでいた。そのために数十台の規模で，大量の集積回路を使用する誘導コンピュータが製造された。

企業は新技術導入に際しジレンマに直面する。技術は使用されるにつれ，その使用費用が低下していく。しかし，新技術の費用は高いため，その技術が使われている製品の価格も必然的に高くなり，市場はなかなか成長しない。そのため，企業は新技術について経験を積む機会に恵まれず，結果としてその技術の使用費用は高いままとなる。しかし，集積回路についてはミニットマンの配備とアポロ計画が集積回路の市場としての役割を果たした。しかもその市場は規模が大きいばかりでなく，価格よりも性能を重視する市場であった。そのため半導体製造企業は市況を懸念する必要なく，顧客の要求に応えるべく量産化と製品性能確保のための新技術の導入を始め積極的に設備投資をすることができた。その結果，企業は半導体製造に関するノウハウを身に付けることができ，集積回路製造技術は洗練化され，集積回路の生産費用は大きく低下した。

1970年代に入ると，民間市場向けのコンピュータや卓上計算機（いわゆる電卓），プログラム可能な小型計算機（いわゆるポケコン）といった民間需要（民需）が軍需に置き換わり，今度は大規模な民間市場に後押しされてさらに集積回路製造技術は発展した。

(2) SBIRプログラム

集積回路は，政府が市場を創出することを意図して調達をしたわけではない。しかし，このように政府調達が新技術の導入と発展を促す可能性があるのであれば，イノベーション創出に向けて積極的に政府調達を活用するという発想が出てきてもおかしくない。そのような施策で代表的なものが米国で1982年に始まり現在まで続いているSBIR（Small Business Innovation Research）プログラムである。開始以来少しずつ変化してきたが，SBIRの概要は次の通りである。SBIRに参加可能な企業は中小企業に限定されている[12]。SBIRに参加する政府機関は，自らの研究開発予算の2.8％をSBIRプログラムに割くことが求められる。そして，自らが直面している技術課題を提示し，有望な課題解決案を提示した中小企業に課題解決に向けた研究開発を委託し，研究開発費を助成する[13]。

SBIRの最大の特徴は3段階（フェーズ）に別れた構成である（**図表11.1**）。

図表11.1 ■SBIRプログラムの構成

フェーズ	フェーズⅠ	フェーズⅡ	フェーズⅢ
目的	実現可能性の確認	研究開発の推進	技術の提供・商用化
助成金額（最大）	15万ドル	100万ドル/150万ドル	－
期間（最長）	6ヶ月間	2年間	－

出所：米国中小企業局（The US Small Business Administration）資料より筆者作成。

　一定の要件を満足したプロジェクトのみがフェーズⅠからⅡ，ⅡからⅢに，それぞれ進む。フェーズⅢでは企業は政府機関からの調達という形で売上げを確保するとともに，民間市場向けに製品等を開発することが期待されている。すなわち，SBIRでは政府機関が必要としている新技術の研究開発の支援として資金助成するだけでなく，一旦，技術が開発されると，今度は開発された技術（製品）の初期市場（すなわち，政府調達）の役割を果たすのである。一般に企業は有望な技術であったとしてもその開発・製品化に必要な資金不足に直面することがあり，技術の製品化を進めないことがある。SBIRの下では企業は政府調達を足がかりとして民間市場進出に必要となる技術の安定化や低価格化，量産化等に向けてさらに開発を進めることが可能である。

　SBIRは全米科学アカデミー（National Academy of Sciences：NAS）により多面的に政策評価が行われており，政策として成功しているという評価を得ている。SBIRの成功に刺激され各国で同様の政策が実施されている。

　日本でも米国のSBIRプログラムに倣い1999年に中小企業の研究開発の支援を目的とする「日本版SBIR」と呼ばれる「中小企業技術革新制度」が導入され，府省を横断して運用されている。しかし，日本版SBIRは中小企業の研究開発への助成を軸としたものであり，米国のSBIRプログラムと異なる施策となっている[14]。

第11章 イノベーション政策 ◆ 213

| コラム11.1 | 科学技術指標で見る日本の技術力 |

「日本は科学技術により国を発展させる科学技術立国である」といった表現を見聞きしたことがあると思う。それは、イノベーションは国や地域の経済発展の重要であり、科学技術に立脚するイノベーション、すなわち「科学技術イノベーション」の重要性が高いことが各国・地域の政府により広く認識されているからである。では、日本の科学技術の現状はどうなっているのであろうか。国や地域の科学技術水準を測る代表的な指標で日本の現状を確認する。

(1) 研究開発活動への投資

最初に科学技術に対する投資、すなわち研究開発費について、日本で政府や企業等により支出されている研究開発費の総額は17兆3,246億円である。これは世界全体の研究開発費の10.5％に相当する額であり、米国、中国に次いで3位に相当する投資額である。なお、日米中3カ国の研究開発費を合計すると世界全体の研究開発費総額の50％を占めており、さらに欧州連合（EU）の研究開発費を合わせるとこれら4カ国・地域で全体の70％を越える。

しかし、日本はGDPが473兆円である。その規模は世界全体のGDPの8.2％に相当し、米国、中国に次いで3位に位置している。日本の研究開発費の支出規模は経済規模を反映しているだけであり、必ずしも研究開発活動に注力していない可能性もある。それゆえ、国や地域が研究開発活動へ注力している水準の把握のために、研究開発費がGDPに占める割合（％）で定義される「研究開発費対GDP比率（R&D intensity）」が使用される。日本の研究開発費対GDP比率は3.4％であり、韓国（4.4％）、イスラエル（3.9％）、フィンランド（3.6％）に次いで、スウェーデンとともに4位に位置している。参考までに研究開発費とGDPにおいて1, 2位を占める米国と中国の研究開発費対GDP比率はそれぞれ、2.8％、2.0％である。

(2) 研究開発活動の成果

次に科学技術への投資の成果を確認する。世界全体の科学論文のうち日本の論文が貢献している割合（2010～12年）は5.4％であり、米国（同21.7％）、中国（同11.8％）に次いで3位である。一方、特許については2013年の特許の国際出願件数で日本は44,000件であり、米国（57,000件）に次いで2位である。日米で世界全体の国際出願件数（205,000件）の半数以上を占める。

出願人別件数でも上位20社の中に1位も含め日本企業は8社入っており，最多である。参考までに2位は中国（3社），3位は米国と韓国（いずれも2社）である。

通常の財と同じように，企業の研究開発の成果である技術やノウハウ，特許権も国際取引の対象であり，これら知的財産の貿易は「技術貿易（technology trade）」と呼ばれている。そしてその収支は，国際市場における各国企業の全体的な技術力を把握する指標の1つとして使われている。日本の技術貿易収支は過去20年連続黒字であり，2012年度については過去最高の2兆2724億円の黒字である。これは米国（358億ドル，2011年）に次ぐ黒字額である。

日本は科学技術への投資とその成果の両面で世界有数の国であり，「日本の技術力は高い」という表現には裏付けがあるのである。

❖注

1 さらに間接的な施策として，技術動向の調査や技術予測，科学技術文献・情報の整理・提供（例．特許データベースの整備・公開）も科学技術政策の範疇に含まれる。
2 当時は国立大学の法人化（2004年）の前であった。日本の大学研究の中心的役割を担っている国立大学は政府機関であり，特許権について制限が課せられていた。そもそも法人格がない組織は特許を持てなかった。そのため，産業活力再生特別措置法施行後しばらくの間，その実効性は低かった。
3 「産業技術力強化法」によるものである。大学等の特許出願に対して，たとえば，出願した特許の特許性について審査請求する際の手数料（118,000円（現在）＋請求項数×4,000円）が半額に軽減されている。
4 その後，国公立大学が法人化され，大学が知財本部を設置するようになったためTLOの必要性が失われた。各地に設立された大半のTLOは廃止あるいは大学に吸収された。
5 日本では「大学発ベンチャー」と呼ばれることの方が多いが，この呼称は日本外では使用されない。それゆえ本節では「大学発スタートアップ」を使用する。また，文部科学省や経済産業省における「大学発ベンチャー」は定義が広く，大

学の研究成果によらない起業や，いわゆる「学生ベンチャー」も含まれる。そのため，本節で言及している各種統計は広義の「大学発ベンチャー」を対象としたものであることに留意する必要がある。
6 カルテルを始め市場における自由競争を阻害する各種不当行為に対する姿勢が今日と比較して厳しかった当時の米国において，共同研究開発の認可と特定産業に向けた政府助成はいずれも，政策面における大きな転換であった。
7 産業保護と支援のための他の取組として，輸入品に対する関税や数量制限がある。
8 産業政策に対する欧米の評価は否定的なものであった。しかし，この数年，その評価に変化が見られている。
9 たとえば近年，従来は政府が独占してきた宇宙開発への米国企業の進出が著しい。
10 米国国防省による研究開発援助も供給サイドの政策としてコンピュータの技術発展に重要な役割を果たした。
11 「ミニットマン」という名前は，米国独立戦争のとき，招集がかけられるとすぐに集まった米国民兵の呼称（Minuteman）からきている。
12 米国では従業員500人以下の企業が中小企業であり，日本の定義（製造企業の場合，従業員300人以下または資本金3億円以下）と異なる。
13 SBIRプログラムと同様なプログラムとして「STTR（Small Business Technology Transfer）プログラム」がある。SBIRプログラムとの最大の違いはSTTRプログラムでは中小企業が大学等と連携することが求められていることである。
14 国土交通省と経済産業省傘下の（独）新エネルギー・産業技術総合開発機構（NEDO）が連携して進めている（2014年時点），橋梁等の社会基盤点検用のロボットシステムの開発の方が米国のSBIRプログラムの趣旨に近い。これは，道路の橋梁等の管理者として公共団体等が必要としている技術（橋梁等の社会基盤点検用のロボットシステム）の調達を目的に研究開発プロジェクトを公募するものである。そして応募者が開発したロボットシステムを現場で検証し評価するとともに，数年間にわたりロボットシステムの開発を助成支援するという枠組みである。最終的に開発されたロボットシステムは現場で使用される（すなわち，調達される）ことが期待できる。

❖ディスカッション問題
1．あなたが通学している大学，もしくは近隣の大学の産学連携の事例を探しなさ

い（目安として3～5件）。見つけた事例について分かる範囲で次の項目をまとめなさい：目的（対象），概要，開始時期，大学の代表者（研究者），企業。まとめたものを踏まえ，個々の事例について大学と企業，それぞれにとってのメリットを考察しなさい。デメリットについても考察しなさい。
2．本章のコラムにあるように「日本の技術力は高い」と言われている。しかしその一方で，各国の国際競争力を比較している報告書である「国際競争力レポート (The Global Competitiveness Report)」（世界経済フォーラム（WEF）刊行）や「IMD世界競争力年鑑（IMD World Competitiveness Yearbook）」（IMD刊行）では日本の国際競争力のランキングがそれぞれ 21位，6位（いずれも2014年）と評価されている。いずれかの報告書を確認し，日本の技術力と国際競争力の乖離の原因を確認しなさい。
3．設問2で確認した乖離の原因はイノベーション政策で対応することができるか否か，その理由も含め考えなさい。対応できる場合は，どのような施策が有効か考えなさい。

❖ 参考文献

科学技術・学術政策研究所（2014）『科学技術指標2014』。

国立国会図書館調査及び立法考査局（2011）『科学技術政策の国際的な動向』，調査資料 2010-3。

内閣府（2011）『第4期科学技術基本計画』（閣議決定）。

Ceruzzi, P. E. (2003) *A History of Modern Computing*, (2nd ed.), The MIT Press. （宇田理・高橋清美監訳（2008）『モダン・コンピューティングの歴史』未來社）。

Gibbons, M., Limoges, C., Nowotny, H., Schwartzman, S., Scott, P., and Trow, M. (1994) *The New Production of Knowledge: The Dynamics of Science and Research in Contemporary Societies*, SAGE Pub.（小林信一訳（1997）『現代社会と知の創造—モード論とは何か』丸善ライブラリー）。

索　引

【事項・企業名】

■　あ　行　■

アーキテクチャ ・・・・・・・・・・・・・・・・・・ 100, 101
RJRナビスコ ・・・・・・・・・・・・・・・・・・・・・・・・ 113
アスピリン ・・・・・・・・・・・・・・・・・・・・・・・・・・・ 93
アセチルサリチル酸 ・・・・・・・・・・・・・・・・・・ 93
アップル ・・・・・・・ 13, 104, 106, 111, 170, 171, 185
アマゾン ・・・・・・・・・・・・・・・・・・・・・・・・・・・・ 163
アメリカンエクスプレス ・・・・・・・・・・・・・ 113
暗黙知（implicit knowledge）・・・・・・・・ 123
イノベーターのジレンマ ・・・・・・・・・・・・・・ 15
インターネット ・・・・・・・・・ 4, 15, 92, 93, 97
インタフェース（互換性）標準 ・・・・・・ 181
インテグラル型 ・・・・・・・・・・・・・・・・・・・・・・ 101
インテル ・・・・・・・・・・・・・・・・・・・・・・・・・・・・ 102
ウィンドウズ ・・・・・・・・・・・・・・・・・・・ 101, 185
ウェスタンエレクトリック ・・・・・・ 108, 109
ウォークマン ・・・・・・・・・・・・・・・・・ 1-2, 4, 110
ウォルト・ディズニー ・・・・・・・・・・・・・・・ 110
エジソン電灯会社 ・・・・・・・・・・・・・・・・・ 86, 87
塩基性法 ・・・・・・・・・・・・・・・・・・・・・・・・・・・・・ 88
エンジェル ・・・・・・・・・・・・・・・・・・・・・・・・・・ 150
欧州連合（EU）・・・・・・・・・・・・・・・・・・ 63, 195
オープン・イノベーション ・・・・・・ 170, 171
オックスフォード大学 ・・・・・・・・・・・・・・・・ 93
オフショアリング ・・・・・・・・・・・・・・・・ 97, 104
オペレーティング・システム ・・・・・・ 91, 99, 106
オリザニン ・・・・・・・・・・・・・・・・・・・・・・・・・・・ 53

■　か　行　■

開業創造倍増プログラム ・・・・・・・・・・・・ 153

外部性（外部効果）・・・・・・・・ 33, 127, 169
株式公開 ・・・・・・・・・・・・・・・・・・・・・・・・ 150, 205
（新規）機会費用 ・・・・・・・・・・・・・・・・ 100, 152
規模の経済性 ・・・・・・・・・・・・・・・・・・・・ 86, 193
キヤノン ・・・・・・・・・・・・・・・・・・・・・・・・・・・ 7, 48
競争政策（法）・・・・・ 114, 119, 132, 170, 176, 191
京都（帝国）大学 ・・・・・・・・・・・・・・・・・・・・ 73
グーグル ・・・・・・・・・・・・・・・・・・・ 171, 188, 204
グラミン・フォン ・・・・・・・・・・・・・・・・・・・・ 50
クリティカル・マス ・・・・・・・・・・・・・・・・・・ 41
経済産業省（経産省）・・・ 91, 108, 109, 165, 204, 208, 215
形式知（explicit knowledge）・・・・・・・・ 123
経路依存性 ・・・・・・・・・・・・・・・・・・・・・・・ 37, 185
コアコンピタンス ・・・・・・・・・・・・・・・ 102, 123
公共財 ・・・・・・・・・・・・・・・・・・・ 34, 58, 127, 162
公的標準 ・・・・・・・・・・・・・・・・・・・・・・・・ 180, 181
鉱工業技術研究組合法 ・・・・・・・・・・・・・・・ 208
工部寮（工部大学校）・・・・・・・・・・・・・ 72, 73
合理的，非差別的 ・・・・・・・・・・・・・・・・・・・ 170
（アメリカ）国防省 ・・・・・・・・・・・・・・・ 91, 92
コダック ・・・・・・・・・・・・・・・・・・・・・・・・・・・ 7, 48
コンセンサス標準 ・・・・・・・・・・・・・・・・・・・ 182
コンソーシアム ・・・・・・・・・・・・・・・・・・・・・ 196

■　さ　行　■

産業（育成）政策 ・・・・・・・・・・ 109, 208, 215
産業活力再生特別措置法
　（日本版バイ・ドール条項）・・・・・・・・ 203
ジェニー紡績機 ・・・・・・・・・・・・・・・・・・・ 81, 84
ジェネリック医薬品 ・・・・・・・・・・・・・ 165, 166
ジェネリック薬 ・・・・・・・・・・・・・・・・・・・・・ 166
事実上の標準 ・・・・・・・・・・・・・・・・・・・・・・・ 104

事実上の標準（デファクトスタンダード）
　　　……… 101, 104, 180, 181, 182, 183, 186
自主合意標準 ………………… 180, 181, 182
死の谷 …………………………………… 26
新マルサス主義 ………………………… 95
シャープ ……………………………… 103
社会的標準 ……………………… 181, 182
集積回路 ………………………… 206, 210
シュンペーターの仮説 …………… 6, 114
職人憲章（Statute of Artificers）…… 84
スイッチング・コスト ……… 107, 185, 186
スタンフォード大学 ……………… 13, 204
ストレプトマイシン …………………… 94
スピルオーバー ………………… 33, 127, 139
スマートフォン ……… 11, 41, 58, 168, 188
ゼネラル・フーズ ……………………… 4
セマテック …………………………… 207
先行者（利益）………………… 106, 107, 161
専有可能性 ……………………… 33, 161
総合起業活動指数 …………………… 141
ソニー ………………… 48, 106, 108, 112
ソロー残差 ………………………… 10, 11

■ た 行 ■

ダーウィンの海 ………………………… 26
タイプライター ………………………… 49
タイム（社）…………………………… 47
武田薬品 ……………………………… 166
ただ乗り ………………… 100, 127, 162
団結法（Combination Act）………… 84
知的財産 ………………………… 92, 159, 202
中小企業技術革新制度
　（日本版SBIR制度）……………… 154
中小企業新事業活動促進法 ………… 154
超エル・エス・アイ技術研究組合 … 206,
　207
通商産業省（通産省）→
　経済産業省

テキサスインスツルメンツ社 ………… 90
出口戦略 ……………………………… 116
デジュレ型標準 → 公的標準
デジュレ標準 ………………………… 183
鉄道馬車 ………………………………… 6
デファクト ……………………… 182, 186
デファクト標準 → 事実上の標準
デュポン ……………………………… 89
東京大学 ………………… 52, 53, 72, 73
東京通信工業 ………………… 108, 109
独占禁止政策（法）→ 競争政策
特許の藪 ……………………………… 168
特許プール ……………… 171, 181, 192
ドミナント・デザイン …… 104, 105, 106,
　180
トムソン・ヒューストン会社 ………… 87
トヨタ …………………………… 4, 110
トランジスタ …………… 90, 108, 109
トリニトロン ………………………… 111
取引費用 ……… 99, 126, 128, 168, 192

■ な 行 ■

ナイロン ……………………………… 89
日本版バイ・ドール条項 …………… 203
日本ビクター ………………………… 106
任天堂 ………………………………… 111
ネスレ …………………………………… 4
ネットワーク外部性 …… 51, 60, 183, 184,
　186, 192, 193
ノーテル ………………………… 170, 171

■ は 行 ■

パーソナル・コンピュータ（PC）…… 13
ハーバード大学 ……………………… 89
バイエル社 …………………………… 93
バイオテクノロジー ………… 38, 116, 121
バイ・ドール法 ………………… 38, 203
パスツール型基礎研究 ……………… 28

パソコン……13, 47, 48, 100, 101, 102, 112, 113
パテント・トロール……………171, 172
パナソニック………………………106
反共有地の悲劇……………………168
非競合性………………34, 58, 127, 162
非排除性………………34, 58, 127, 162
ヒンドゥスタン・ユニリーバ（HUL）
　………………………………………46
ファウンドリ………………………103
ファブレス……………………103, 173
フィリップス………………………111
フェアチャイルド…………………90
フォード……………………………4
フォーラム標準………181, 186, 193, 196
不可分性……………………………114
富士通………………………………91
フリーライダー → ただ乗り
分離型標準化……………………186, 193
平穏な生活（quiet life）仮説………175
ベータ…………………………106, 184
ペンシルバニア大学………………90
ベンチャー・キャピタル…114, 149, 150, 204
ホーム・ブリュー（自家製）・
　コンピュータ・クラブ……………13
ホールドアップ……………………170
ホンダ………………………………108

■ ま 行 ■

マイクロソフト……36, 91, 102, 106, 113, 185
マイクロプロセッサ…………13, 99, 100
埋没費用（サンクコスト）………49, 193
マサチューセッツ工科大学………29
松下電器産業（現パナソニック）……106, 110, 116
魔の川………………………………26

マルサスの罠………………………94
ミニ・コンピュータ……………47, 48
ミニットマン大陸間弾道ミサイル…210
ミュール紡績機……………………81
メゾ経済学（Méso-Economie：
　産業連関分析）……………………68
メルク社……………………………93
モジュール（モジュラー）………100, 101, 102, 103
モトローラ…………………………171

■ や 行 ■

ヤング・レポート…………………207
ユニット・ドライブ………………87
ユニバーサルスタジオ……………110
ユニバック社……………………91, 112

■ ら 行 ■

ラッダイト運動……………………94
ラトガース大学……………………93
リニアモデル………25, 26, 27, 31, 89, 114
レノボ……………………………92, 113
レミントンランド………………91, 112
連鎖モデル………………………31, 32
レントシーキング社会……………38
ロックイン効果（lock-in）………185

■ わ 行 ■

ワンクリック・ショッピング………163

【人名】

■ あ 行 ■

アークライト（Richard Arkwright）
　………………………………81, 82, 84
アロー（Kenneth Arrow）…………77
井深大………………………………108

井上靖 …………………………………… 21
岩間和夫 ……………………………… 109
ウィルキンソン（John Wilkinson）…… 82
ウェーラー（Friedrich Wöhler）……… 88
植木枝盛 ……………………………… 73
ウェッジウッド（Josiah Wedgwood）
　…………………………………………… 84
ウェルチ（Jack Welch）……………… 103
ウォズニアック（Steve Wozniak）…… 13
江崎玲於奈 …………………………… 109
エジソン（Thomas Edison）…… 2, 28, 65,
　66, 79, 86, 130
大賀典夫 ……………………………… 111
オーステッド（Hans Oersted）……… 86
緒方正規 …………………………… 52, 53

■ か 行 ■

ガードナー（Louis Gardner）………… 113
カートライト（Edmund Cartwright）
　……………………………………… 81, 83-84
カーネギー（Andrew Carnegie）……… 88
カロサース（Wallace Carothers）…… 89
キーン（Andrew Keen）……………… 65
北里柴三郎 …………………………… 53
クリステンセン（Clayton Christensen）
　………………………………………… 12, 47
クリック（Francis Crick）…………… 94
グレーブ（Carl Graebe）……………… 88
クレッパー（Steven Klepper）……… 145
クロンプトン（Samuel Crompton）… 81, 84
ケイ（John Kay）……………………… 81
ゲイツ（William Gates）……………… 36
ケインズ（John Maynard Keynes）…… 5
コッホ（Robert Koch）………………… 53

■ さ 行 ■

ザッカーバーグ（Mark Zuckerberg）
　…………………………………………… 79
シェーン（Scott Shane）…………… 153
志田林三郎 …………………………… 73
ジャンスキー（Karl Jansky）………… 28
シュムクラー（Jacob Schmookler）… 27
シュンペーター（Joseph Schumpeter）
　……………………… 3, 5, 6, 7, 9, 20, 85, 174
ジョーンズ（Charles Jones）………… 77
ショックレー（William Shockley）… 90
ジョブズ（Steve Jobs）……… 13, 79, 106
鈴木梅太郎 …………………………… 53
スタイン（Charles Stein）…………… 89
スティーブンソン（George Stephenson）
　…………………………………………… 85
ストークス（Donald Stokes）………… 28
スミス（Adam Smith）…………… 63, 176
セイバリー（Thomas Savery）……… 82
ソロー（Robert Solow）……………… 10

■ た 行 ■

高木兼寛 ……………………………… 52
タッスィ（Gregory Tassey）………… 26
チェイン（Ernest Chain）…………… 93
デミング（Edwards Deming）……… 179
寺田寅彦 ……………………………… 73
トーマス（Gilchrist Thomas）……… 88
トムソン（Elihu Thomson）………… 87
ドラッカー（Peter Drucker）……… 113
トレヴィシック（Richard Trevithick）
　…………………………………………… 85

■ な 行 ■

ニューコメン（Thomas Newcomen）
　…………………………………………… 82

■ は行 ■

パーキン（Willaim Perkin）……………88
ハーグリーブス（James Hargreaves）
　……………………………………81
バーディーン（John Bardeen）………90
パスツール（Louis Pasteur）…………28
バラン（Paul Baran）…………………92
ファラディ（Michael Faraday）………86
福沢諭吉………………………………72
藤本隆宏………………………………30
ブラッティン（Walter Brattain）……90
フリッシ（Patrice Flichy）………65, 78
フレミング（Alexander Fleming）……93
フローレィ（Howard Florey）………93
ベッセマー（Henry Bessemer）………88
ベル（Graham Bell）…………………65
ベルツ（Erwin von Bälz）………32, 73
ボーア（Niels Bohr）…………………28
ボールトン（Matthew Boulton）………82
ボルドリン（Michael Boldrin）………174
本田光太郎……………………………73

■ ま行 ■

マーシャル（Alfred Marshall）………27
松下幸之助……………………………116
松平春嶽………………………………72
マルクス（Karl Marx）…………………5
マルコニー（Guglielmo Marconi）……65, 66, 79
マルサス（Robert Malthus）…………94
ミラー（Paul Miller）…………………78
森鴎外……………………………52, 53
盛田昭夫…………………………108, 109

■ や行 ■

山縣有朋………………………………53
横井小楠………………………………72

■ ら行 ■

ライト兄弟（Wilbur and Orville Wright）
　………………………………65, 66
ラッタン（Vernon Ruttan）……………28
リードビーター（Charles Leadbeater）
　……………………………………78
リーバーマン（Carl Liebermann）……88
リービッグ（Justus von Liebig）………88
リッカバー（Hyman Rickover）………28
リプチンスキー（Witold Rybcynski）
　………………………………………1
レヴァイン（David Levine）…………174
レヴィストロース
　（Claude Lévi-Strauss）……………67
ローバック（John Roebuck）…………82
ローマー（Paul Romer）………………77
ロジャース（Everett Rogers）……54, 56, 77

■ わ行 ■

ワクスマン（Selman Waksman）………93
ワット（James Watt）…………82, 84, 176
ワトソン（James Watson）……………94
ワトソン（Thomas Watson, Sr）……112

【欧文】

Appropriability………………………33
ARPA……………………………………92
AT&T………………………28, 90, 108
BASF……………………………………88
Basic Process（塩基性法）……………88
Bose……………………………………116
CEO………………………………47, 113
Combination Act（団結法）……………84
DEC………………………………………47
DNA………………………………………94

dynamic capabilities ……………… 124
ENIAC ……………………………… 90
European Union, EU ……………… 63, 195
FRAND（fair, reasonable and non-discriminatory）……………………… 170
GE ………………………………… 87, 102, 103
Haber-Bosch法 ……………………… 88
IBM …… 14, 91, 92, 97, 102, 106, 109, 110, 112, 113, 133
IPO ………………………………… 150
iPod ………………………………… 104
Not Invented Here（NIH）……… 32, 48
NSF ………………………………… 92, 204
offshoring ………………………… 97

On the Job Training（OJT）… 84-85, 95
Operating System（OS）…… 91, 184, 185, 188
QWERTY配列 ……………………… 49, 185
random screening ………………… 94
rational drug design ……………… 94
resource-based view ……………… 122, 151
SBIR（Small Business Innovation Research）…………………… 211, 212, 215
Technology Licensing Office（TLO） ……………………………………… 204
VC ………………………………… 150, 151
VHS ……………………… 106, 110, 183, 184, 186
White Willow ……………………… 93

◆執筆者紹介 (執筆順)

安田聡子（やすだ　さとこ）　第1章，第3章
　東京大学工学系研究科先端学際工学専攻修了（博士［学術］）
　関西学院大学商学部教授

玉田俊平太（たまだ　しゅんぺいた）　第1章
　東京大学工学系研究科先端学際工学専攻修了（博士［学術］）
　関西学院大学経営戦略研究科教授

宮田由紀夫（みやた　ゆきお）　コラム1.1，第2章，第5章，第6章
　編著者紹介参照

中野幸紀（なかの　ゆきのり）　第4章，コラム2.1
　京都大学工学博士
　フランス国家行政学院（ENA）外国人コース修了
　関西学院大学総合政策学部国際政策学科元教授

岡村浩一郎（おかむら　こういちろう）　第7章，第11章
　George Washington University大学院公共政策学研究科修了（公共政策学［科学技術政策論］Ph.D.）
　関西学院大学商学部准教授

加藤雅俊（かとう　まさとし）　第8章
　一橋大学大学院商学研究科修了（博士［商学］）
　関西学院大学経済学部准教授

土井教之（どい　のりゆき）　第9章，第10章
　編著者紹介参照

◆編著者紹介

土井教之（どい　のりゆき）
　神戸大学大学院経済学研究科修了（経済学博士）
　関西学院大学名誉教授
　主な著作：『企業合併の分析―国際比較』（共著）（中央経済社，1980年）。『ベンチャービジネスと起業家教育』（共著）（御茶の水書房，2002年）。『ビジネス・イノベーション・システム―能力，組織，競争』（共著）（日本評論社，2009年）など。また，外国雑誌を含む諸雑誌に論文を多数掲載

宮田由紀夫（みやた　ゆきお）
　Washington University（St. Louis）大学院経済学研究科修了（経済学Ph.D.）
　関西学院大学国際学部教授
　主な著作：『アメリカにおける大学の地域貢献』（中央経済社，2009年）。『アメリカのイノベーション政策』（昭和堂，2011年）。『アメリカの産学連携と学問的誠実性』（玉川大学出版部，2013年）。『アメリカ航空宇宙産業で学ぶミクロ経済学』（関西学院大学出版会，2013年）

イノベーション論入門

2015年3月20日　第1版第1刷発行
2021年4月30日　第1版第3刷発行

編著者　土　井　教　之
　　　　宮　田　由　紀　夫
発行者　山　本　　　継
発行所　㈱中央経済社
発売元　㈱中央経済グループ
　　　　パブリッシング

〒101-0051　東京都千代田区神田神保町1-31-2
電話　03（3293）3371（編集代表）
　　　03（3293）3381（営業代表）
https://www.chuokeizai.co.jp
印刷／文唱堂印刷㈱
製本／㈱関川製本所

© 2015
Printed in Japan

＊頁の「欠落」や「順序違い」などがありましたらお取り替えいたしますので発売元までご送付ください。（送料小社負担）
ISBN978-4-502-13541-5　C3034

JCOPY〈出版者著作権管理機構委託出版物〉本書を無断で複写複製（コピー）することは，著作権法上の例外を除き，禁じられています。本書をコピーされる場合は事前に出版者著作権管理機構（JCOPY）の許諾を受けてください。
JCOPY〈http://www.jcopy.or.jp　eメール：info@jcopy.or.jp〉

[シリーズ] 経営学イノベーション [第2版, 全3巻]

① 経営学入門　十川廣國 著

PART I　マネジメント研究の基礎
- 第1章　経営学とは
- 第2章　マネジメントの基本的思考の変化

PART II　企業経営の仕組みとマネジメント
- 第3章　現代企業経営の仕組みとマネジメントの課題
- 第4章　トップと意思決定
- 第5章　企業の目的と経営戦略
- 第6章　経営組織：組織の基本的構造とマネジメントの課題
- 第7章　組織変革と組織学習
- 第8章　新製品・新事業開発と組織のあり方

PART III　企業経営の評価とマネジメントの新たな課題
- 第9章　マネジメントのための財務の基礎知識
- 第10章　コーポレート・ガバナンス：企業の社会的責任
- 第11章　日本企業のマネジメントの軌跡と課題：競争力を考える

② 経営戦略論　十川廣國 編著

PART I　経営戦略論の意義と生成・発展
- 第1章　経営戦略の意義と内容
- 第2章　経営戦略論の生成と発展
- 第3章　経営戦略・ドメインとそのレベル

PART II　安定期の戦略論
- 第4章　成長ベクトルと多角化戦略
- 第5章　多角化事業展開のための分析的戦略論

PART III　競争優位構築の戦略論
- 第6章　ポジショニング・アプローチ
- 第7章　資源ベース・アプローチと能力ベース・アプローチ

PART IV　経営戦略と組織のインタラクション
- 第8章　経営戦略論から戦略経営論へ
- 第9章　戦略形成プロセスにおけるマネジメントの役割
- 第10章　ミドル・マネジメントの戦略的役割
- 第11章　イノベーションの戦略と組織
- 第12章　バランスト・スコアカード

PART V　経営環境の劇的な変化と現代企業の戦略課題
- 第13章　グローバル化とオープン・イノベーション
- 第14章　グローバル戦略
- 第15章　企業の対社会戦略

③ 経営組織論　十川廣國 編著

PART I　組織研究の基礎
- 第1章　組織研究の視点
- 第2章　経営組織の特徴と基礎概念
- 第3章　経営組織の構造

PART II　組織運営
- 第4章　モチベーション
- 第5章　コミュニケーション
- 第6章　リーダーシップ
- 第7章　組織文化

PART III　組織が抱える現代的課題と政策
- 第8章　組織の成長
- 第9章　環境適応と組織能力
- 第10章　組織の変革
- 第11章　組織変革に果たすミドルの役割
- 第12章　組織の活性化と組織学習
- 第13章　組織間学習
- 第14章　情報システム構築のための協働体制

中央経済社